윤성근

단골들에게도 입을 떼기 조심스러운 내향적인 헌책방지기.
2007년부터 '이상한 나라의 헌책방'을 운영하며 읽고 쓰는
생활을 이어오고 있다. 내성적인 성격 탓에 어릴 땐 친구도
별로 없었지만, 대신 주변 온갖 것들에 말을 걸고 이야기
나누는 걸 즐겼다. 특히 책과 대화하는 걸 제일 좋아했다.
지금은 이 세상이 실은 엄청나게 크고 복잡한 대화 그 자체라고
생각한다. 그런 마음으로 책을 읽으니, 여러 책 속에 담긴
대화에 관한 문장들이 제법 커다란 의미로 다가왔다. 헌책방의
일상 역시 책을 사고 파는 게 전부가 아니라 책과 손님이
들려주는 대화로 가득하다는 걸 알고부터 그 이야기를 모아
다른 사람들에게 소개해야겠다고 마음먹었다. 그렇게 하여
지은 책으로는 『작은 책방 꾸리는 법』, 『서점의 말들』, 『헌책방
기담 수집가』, 『내가 사랑한 첫 문장』 등이 있다.

대한민국 말을

사람만 보면 말문이 막혀서

그 많은 책을 샅샅이 뒤졌다

윤성근 지음

"책이 악보라면 대화는 노래라고 하겠습니다."

안톤 체호프, 단편 「6호실」, 『상자 속의 사나이』
(박현섭 옮김, 문학동네, 2024)

들어가는 말
대화, 타인과 세상을 이해하도록 돕는 지혜의 샘

태초에 대화가 있었다!

이 유명한 문장은 사실 '대화'가 아니라 그 자리에 '말씀'이 들어가야 맞다. 하지만 나는 오래전부터 이 멋진 문장을 떠올릴 때면 말씀보다는 대화가 더 잘 어울린다고 생각했다. 말씀이라고 하면 어쩐지 윗사람의 엄격한 표정이 떠오르고 일방적인 느낌이 든다. 반면에 대화는 언제나 둘 이상이 만나 주거니 받거니 하며 어울리는 모양이다.

만약에 신이 우주를 창조했다면, 일방적으로 만들었을 것 같지는 않다. 종교의 본질은 사랑이라고 하지 않던가. 사랑의 시작은 소통이며 이는 곧 대화를 의미한다. 마주 보며對 이야기함話, 대화.

마주 대하지 않으면, 서로 이야기를 주고받지 않으면 사랑이 아니다. 그러나 사랑은 또한 언제나 실수와 오해를 머금는다. 나는 이 말을 하기 위해 『대화의 말들』을 썼다.

물론 지금부터 쓸 이야기는 종교나 신과는 아무런 상관이 없다. 나는 애초에 거기까지 내대볼 깜냥이 안 된다. 사실 나는 사람들과 잘 어울리지 못한다. 대화와 소통에 어려움을 겪는다. 직장을 그만두고 혼자 일할 수 있는 책방을 차린 데에는 그런 이유도 있다. 이렇게 책방에서 생활한 지도 이제 20년이 다 되어 가는데 별로 나아지지 않았다. 나아지기는커녕 어디로도 나아가지 못하고 마냥 제자리걸음이다. 웃는 입만 남기고 사라지는 이상한 나라의 고양이에게 묻고 싶은 심정이다. 나는 이제 어디로 가야 할까.

어쩌면 당신도 주변 사람이나 세상과의 소통에 어려움을 겪고 있을지 모른다. 그런 어려움 따위 전혀 모르고 산다고 자부하는 이라면 애초에 이 책을 집어 들지도 않았을 것이다. 누군가에게 말로 상처받거나 반대로 상처를 준 것 때문에 마음 한구석에 신경 쓰이는 부분이 남아 있다면 이 책에 담긴 문장과 짧은 글이 조금이나마 도움이 될 수 있다.

그렇다고 책을 읽으면서 뭔가 번뜩이는 정답이 있겠거니 기대하지는 않으셨으면 한다. 이 책이 담고 있는 것은 '대화 잘하는 법'이나 '성공적으로 소통하는 법'과는 전혀 다른 이야기다. 차라리 『대화의 말들』은 대화와 소통에 너무나도 서투른 사람이 쓴 반성문이자 오답 노트라고 해야 옳다.

나는 책 읽기와 글쓰기를 좋아하고 잘할 수 있는 분야라고 여기며 살았다. 반면에 사람들 앞에 나서는 강연이나 대화는 먹고사는 문제 때문에 자주 하고는 있지만 여전히 어렵다. 다행스럽게도 이 작은 책방에서 다양한 손님과 좋은 책들을 넘치게 만났다. 이들로 인해 돌아보며 사는 생활의 고마움을 알았고 서툴더라도 조금씩이나마 소통과 대화의 속뜻을 되새길 수 있었다.

운전대를 잡고 목적지까지 앞만 보며 달릴 수는 없다. 운전석 앞과 창문 옆에 달린 작은 거울의 의미를 떠올려 보라. 우리는 앞으로 가야 하지만 정말로 중요한 건 때때로 뒤를 봐야 한다는 사실이다. 내게 실패한 대화는 바로 이 백미러 같은 존재다.

대화는 타인과 세상을 이해하도록 돕는 가장 오래된 지혜의 샘이며 나 자신을 사랑하는 법을 알려주는 비밀스러운 도구다.

이제부터 이어지는 백 번의 대화를 통해 우리는 조금 더 내밀한 각자의 오솔길로 접어들 것이다. 어두운 숲길 입구에서 어쩔 줄 몰라 서성이던 단테처럼 마음에 고민을 품고 있다면 지금이 바로 여행의 적기다.

다시 한번 고백하건대, 서툰 솜씨로 생활하며 배운 부끄러운 실수의 흔적을 이 작은 책에 엮어 내놓는다. 소통 부재의 흐릿한 시절을 살아가는 오늘, 서로 어울려 주고받는 밝은 지혜가 대화 속에 있다.

태초의 대화처럼, 지금도 그리고 앞으로도 우리를 둘러쌀 대화로 인해 세계가 조금씩 더 나아지기를 소망한다.

들어가는 말	11
문장 001	16
↓	↓
문장 100	214
나가는 말을 대신하는 단막극	217

1번째 대화

대화에서는 표현에 유의해야 하고,
행동에서는 결과에 유의해야 한다.

마르쿠스 아우렐리우스, 『자성록』

(박민수 옮김, 열린책들, 2011)

다른 가게도 그런가 싶을 정도로 헌책방은 유독 대화를 많이 나누는 가게다. 손님이 적어서 그럴까? 가게가 북적거리면 이야기를 길게 나누기 어려울 텐데 사람이 별로 없으니 자연스레 대화가 길어진다. 한 20년쯤 이렇게 대화를 나누며 지내다 보니 대화를 즐기지 않는 나도 가게에 손님이 없으면 슬몃슬몃 적적해지곤 한다. 지나가는 고양이를 불러 세울 만큼.

대화는 말로 하는 것이기에 정확한 의사 전달력과 잘 알아듣는 이해력이 쌍을 이뤄야 원활하게 이어 갈 수 있다. 그런데 우리는 기계처럼 정확하게 의사를 전달하지도 못하거니와 그걸 목표로 말을 하지도 않는다. 그래서 같은 말이라도 표현 방식이 달라진다. 그 틈을 비집고 이런 말이 터져 나온다.

"같은 말을 해도 왜 꼭 그렇게 하냐?"

"말이면 단 줄 알아?"

이런 실수 혹은 갈등은 대개 표현 방식의 차이에서 비롯된다. 나에게는 익숙하고 괜찮은 표현이 다른 이에게는 모욕으로 느껴질 수도 있는 것이다.

『자성록』의 문장에서 표현에 대해 먼저, 뒤이어 행동에 관해 쓰는 이유는 말로 드러난 표현이 곧 행동으로 옮겨질 수도 있음을 드러내려 함이 아닐까? 살면서 말과 행동이 완벽하게 일치하기는 어렵다. 그러나 말할 때마다 그 표현이 나중에 행동으로 이어질 것을 생각하고, 행동을 하기 전엔 그것이 다음 말의 결과가 된다는 걸 알면 말실수를 조금 줄일 수 있다.

고양이는 오늘도 내가 거는 말을 무시하고 그냥 지나간다. 언제 내가 말실수라도 해서 토라진 걸까. 야옹 씨, 화가 많이 난 게 아니라면 우리 대화로 풀어 봅시다.

2번째 대화

"부탁인데, 말 좀 해 줄래요,
내가 어느 길로 가야 할까요?"
"그거야 네가 가고 싶은 곳에 달렸지."
고양이가 말했다.

루이스 캐럴, 『이상한 나라의 앨리스』
(최인자 옮김, 북폴리오, 2005)

헌책방만큼 이상한 가게도 별로 없을 것이다. 내가 헌책방 이름을 '이상한 나라의 헌책방'이라고 지은 것은 루이스 캐럴의 소설 『이상한 나라의 앨리스』를 어릴 때부터 좋아했기 때문인데, 이 책을 좋아한 이유는 내용이 이상했기 때문이다. 특히 모자 장수가 등장하는 '미친 다과회' 장면은 이상함의 최고봉이다!

가장 이상한 점은 이렇게 이상하게 헌책방을 운영하는데도 망하지 않고 20년이나 가게를 유지하고 있다는 거다. 이 사실은 세계 몇 대 미스터리로 꼽아도 손색없다.

내가 보기에 헌책방에 오는 손님 중에 정상적인 범주에 속하는 사람은 거의 없다. 그렇다 보니 여기서 나누는 대화도 대개는 이상한 것들뿐이다. 그래도 서로 이야기는 대충 통한다. 『이상한 나라의 앨리스』속 대화처럼, 3월 토끼 손님과 모자 장수 주인장의 대화는 이상해도 그냥저냥 흘러간다. 그 점이 헌책방의 백미다.

책을 좋아하는 사람들은 정답 같은 대화를 추구하지도, 달가워하지도 않는다. 애초에 책이 우리에게 그런 식으로 말을 걸어 오지 않기 때문이리라. 책과 대화하는 법을 배운 사람들은 다른 이들이 헛소리라고 여기는 것들 사이에 난 작은 틈을 발견할 줄 안다.

이상해 보이는 그 좁은 틈새에 가장 멋진 길이 숨어 있을지도 모른다. 책에서 배운 밝은 눈으로 좁고 새롭고 아름다운 길을 발견하면, 걱정 말고 그 길로 가면 된다.

3번째 대화

화해할 줄 모르는 사람과
대화하는 건 힘겹다.

유리 트리포노프, 『노인』
(서선정 옮김, 을유문화사, 2017)

대화의 주된 목적은 의사소통이다. 말 그대로 '의사'意思, 즉 각자 무엇을 생각하고 있는지를 서로 이해할 수 있도록 언어를 사용해 맞춰 나가는 작업이 대화다.

같은 언어를 사용하면 서로 의사소통하는 데 문제없을 것 같지만, 살아 보면 그렇지도 않다. 우리는 각자의 세계관 속에 살고, 서로 완전한 타자다. 쓰는 언어만 같을 뿐 사실상 우리 모두 외국인이라고 해도 될 정도로 개인마다 의사도, 의사를 표현하는 방식도 크게 차이 난다. 그러니 완전한 의사소통은 애초에 거의 불가능에 가깝다고 이해하면 차라리 인간관계가 편할 수 있다.

그러면 대화는 왜 하는가? 의사소통 자체보다 중요한 것은 그 과정에서 드러나는 서로의 차이와 다름을 마주하고, 그것들과 화해하고 조율해 나가는 일일지도 모른다.

사람 가운데는 '저 사람하고는 도저히 대화가 안 통해'라는 심정이 들게 만드는 이도 있다. 외국어를 사용해서 말이 안 통하는 게 아니다. 언어로는 화해할 수 없을 정도로 의사 차이가 큰 것이다. 이런 단절이 심각해지면 극단적인 경우 폭력을 초래하기도 한다. 언어폭력, 신체적 폭력, 가스라이팅 등 정신적 폭력까지! 폭력의 원인은 복합적이지만, 화해의 부재나 단절에서 자주 비롯되곤 한다.

불편한 대화 상대는 생각의 차이를 인정하지 않고 늘 이기려고만 든다. 이기지 못하면 적어도 설득하려고 애쓴다. 내 생각 안으로 상대를 끌어들여야 만족한다.

대화할 때 편안함을 느끼게 하는 사람은 화해의 감정을 아는 이다. 각자의 세계관이 다름을 인정하는 마음은 말로 나누는 포옹과도 같다.

4번째 대화

현명한 사람과의 대화는 흥미롭다.

표도르 도스토옙스키, 『까라마조프 씨네 형제들』

(이대우 옮김, 열린책들, 2009)

삶의 이야기를 듣는 것은 언제나 흥미롭다. 흥미로운 이야기 속에는 현명한 삶의 지혜가 흩어져 있다.

헌책방을 시작하고 몇 달 동안 정신없이 지내며 적지 않은 사람들을 만났고 대화도 나눴다. 그 가운데서 가장 기억에 남는 손님이 있다. 근처 공사장에서 일하는 중년 여성이었다.

그날은 7월이었고 점심나절부터 더웠다. 그 중년 여성은 지하가 시원할 것 같아서 잠시 들어왔다고 하며 혹시 물을 얻어 마실 수 있냐고 물었다. 나는 얼음 넣은 물을 내드렸다.

"여기는 헌책방이에요."

"어머, 저는 다방인 줄 알고 들어왔어요. 죄송해요."

나는 죄송하실 것 없다며 손을 내저었다.

그는 어렸을 때는 책을 곧잘 봤지만 집안이 가난해서 고등학교를 마친 뒤에는 계속 떠돌아다니며 이 일 저 일 하는 중이라고 했다. 그래도 학교에서 배우지 못한 것을 몸으로 부딪치며 알아가는 게 나쁜 것만은 아니라며 엷은 미소를 지었다. 얘기를 듣고 난 뒤 나는 문득 헤르만 헤세의 『방랑』이라는 책이 생각나 권했다. 실은 그가 들려준 삶의 이야기가 헤세의 글보다 더 흥미롭고 현명한 문장처럼 느껴졌다. 책값은 받지 않겠다고 했지만, 그는 한사코 내게 5천 원짜리 한 장을 꺼내 손에 쥐여 줬다. 나는 거스름으로 3천 원을 내줬다.

지나고 생각해 보니 그건 그냥 수다가 아니었다. 책을 다루는 가게에 있어야 할 진짜 '콘텐츠'가 무엇인지를 배운 계기였다. 헌책방에서 갖춰야 할 것은 좋은 책, 비싼 책, 멋진 책이 아니라 책과 사람을 잇는 이야기 그 자체다. 그때 나는 다른 무엇보다 이야기가 많은 헌책방을 만들어가겠노라 다짐했다.

5번째 대화

사람은 저마다 스토리가 있지만 언뜻
봐서는 그 속내를 알 수 없습니다.

요시타케 신스케, 『있으려나 서점』
(고향옥 옮김, 온다, 2018)

내가 쓴 책 『헌책방 기담 수집가』에 관해서라면 여전히 할 이야기가 많다. 소설이라고 해도 누가 뭐라 하지 않을 책이지만, 꾸며낸 게 아니라 모두 손님이 실제로 겪은 일을 듣고 쓴 거라 논픽션 에세이로 분류해 출판했다.

이야기를 듣다 보니 소설보다 더 소설 같은, 차마 소설로도 쓰기 힘든 삶의 모양이 많다는 걸 알았다. 세상에 흩어져 살아가는 한 사람 한 사람이 모두 하나의 우주라는 말도 있다. 처음 들었을 때 나는 그 말에 냉소적이었다. 그러나 헌책방에서 사람들과 만나 대화를 시작한 뒤로 냉소는 나에게 발을 붙이지 못했다.

당연하게도 우리는 사람들의 전부를 알거나 이해할 수는 없다. 그러나 나 말고 다른 사람에게도 나와 같은 속내가 있다는 걸 인정한다면 관계의 온도를 한결 높일 수 있다.

나는 여전히 '관계 맺기'를 기술이라고 보지 않는다. 공식이나 정해진 매뉴얼 따위는 없다. 그저 사람마다 마음에 품은 우주의 존재를 인식하며 천천히 다가가 문을 두드릴 뿐이다. 문이 열리면 좋고 열리지 않으면 다음에 또 오면 된다. 그래도 안 열리면 좀 더 기다리면 된다. 물론 영원히 열리지 않는 문도 있다. 꾹 닫힌 문이라고 해도 기술을 사용해서 억지로 열고 싶지는 않다.

대화는 기능이나 기술이 되어서는 안 된다. 헌책방에 오는 다양한 손님들과 헤아릴 수 없는 이야기를 나누는 동안 이 믿음은 더욱 커졌다. 내가 사람들의 삶의 이야기를 수집하려고 어떤 식으로든 기술을 사용했다면 그 이야기를 모아 책으로 만들지는 못했을 것이다. 이야기는 모을 수 있다. 그러나 그 아름다운 삶의 속내는 기술로 열어선 들여다볼 수 없는 법이다.

6번째 대화

존재란 상대방이 있다는 말이다.

장 폴 사르트르, 『사랑의 삶을 향하여』

(서시원 엮음, 청하, 1990)

우리는 지금 누구와 대화하며 살아가는가? 몇 해 전 스파이크 존스 감독의 영화 『그녀』를 보고 등줄기가 서늘해졌었다. 인간과 대화할 수 있도록 개발된 컴퓨터 운영체제가 널리 보급된 후 사람들이 길거리를 걸으며 저마다 자신의 운영체제와 웃으며 이야기 나누는 장면은 퍽 공포스러웠다.

영화와 똑같지는 않아도 우리도 조금씩 그런 모습에 가까워지고 있는 것 같다. 인공지능은 벌써 인간과 자연스럽게 대화를 주고받을 수 있을 만큼 성장했다. 최신형 스마트폰 광고도 이제는 AI 기능을 앞세운다. AI는 인간이 구축해 온 인터넷 세상을 두루 탐험하며 학습과 진화를 거듭했고 드디어 인간보다 똑똑한 혁신적인 존재가 됐다.

우리는 이렇게 스마트하고 다정하기까지 한 존재와 대화하면서 여러 가지 문제를 풀어 나가는 데 도움을 받는다. 하지만 이것을 대화라고 부를 수 있을까?

대화는 말의 오고 감이다. 그런 의미에서 AI와의 대화도 대화라고 부를 수는 있으나 정확히는 대화가 아닌 단순한 소통이다. 대화에는 상대가 존재해야 하는데 AI를 그렇게 상정하기는 어렵다. AI는 인간과 달리 완벽히 계산된 존재다. 계산적으로 스마트하고 논리적으로 다정하다.

AI와의 소통이 거짓이니 당장 그만둬야 한다는 얘기가 아니다. 다만 기계가 첨단화될수록 우리가 진짜로 대화해야 할 상대가 누구인지를 잊지 않으면 좋겠다는 말이다.

대화는 상대하는 것이지 계산하는 것이 아니다.

7번째 대화

대화를 나눈 것, 대화를 지나
침묵하고, 침묵을 지나 공감에 이른
것은 잘못이었다.

E. M. 포스터, 『전망 좋은 방』
(고정아 옮김, 열린책들, 2009)

침묵이 때론 글이나 말보다 더 확실한 의사 표현일 수 있다. 침묵은 빈 캔버스가 아니다. 아무것도 쓰지 않은 종이가 아니다. 침묵은 그 자체로 하나의 표현이며, 의견이고, 색깔이다.

말을 많이 하면 걷거나 뛰는 것 이상으로 피로를 느끼지만 그렇다고 내가 매사에 팔짱 끼고 있는 스타일은 아니다. 해야 할 말이 있으면 적당히 하되 나나 듣는 사람이 피곤할 정도까지는 나불거리지 말아야지, 라는 게 나의 말하기 철학이다.

보통 위력을 행사하고 싶은 사람일수록 침묵과 웅변 가운데 하나를 선택한다. 둘의 위력은, 내가 보기에 거의 비슷하다. 나는 누군가에게 영향력을 끼치고 싶은 생각이 없지만 굳이 고르자면 침묵이 편안하다. 때론 모든 면에서 조용히 입 다물고 살고 싶을 정도로.

그러나 침묵이 언제나 빈 것, 중립, 색채 없음을 나타내지는 않으므로 침묵을 선택해야 할 때 조심스럽다. 침묵은 홀로 존재할 수 없다. 말이 없다는 건 '무'無가 아니다. 침묵 안에는 언제나 대화의 흔적이 남아 있다. 침묵은 허다하게, 대화를 감추는 도구로 이용된다.

살다 보면 말실수 때문에 일을 그르치는 때가 적지 않다. 그래도 말실수는 언젠가 바로잡고 오해를 풀 여지가 있으나 침묵했기에 그르친 일은 되돌리기 어렵다. 옳지 않은 일에 침묵한 것이라면 더욱 그렇다.

8번째 대화

말할 수 없는 것에 관해서는
침묵해야 한다.

루트비히 비트겐슈타인, 『논리-철학 논고』
(이영철 옮김, 책세상, 2025)

첫 문장이 아니라 마지막 문장이 유명한 책으로는 단연 철학자 비트겐슈타인의 『논리-철학 논고』가 돋보인다.

먼저 이렇게 말해 보자. 세계는 눈에 보이는 것 이상의 의미를 품고 있다. '의미'라고 하는 것은 거짓이 아닌 틀림없는 사실에 관한 의미여야 한다. 또한 그것은 누구라도 이해할 수 있도록 말과 글로 설명이 가능하며, 본인 이외에 다른 사람도 그 내용에 동의할 수 있는 것이어야 한다.

이 말을 염두에 두고 「논리-철학 논고」의 마지막 문장을 다시 읽어 본다. 말할 수 '없는 것'에 관해서는 침묵해야 한다고 했으니, 이 문장 앞에 나온 모든 문장은 말할 수 '있는 것'이라는 뜻이 된다.

제목처럼 이 책은 '논리'에 관한 철학이 주제다. 어떤 논리인가 하면 말과 글, 언어에 관한 것이며 비트겐슈타인은 이것으로 세계를 설명한다. 그런데 언어로 세계를 설명하려면 그 언어가 다른 사람과 소통 가능한 것이어야 한다. 제아무리 훌륭한 진리를 깨우쳤다고 해도 자기만 아는 언어로 설명하면 전달할 수 없다.

즉 세계에 대한 앎은 대화와 소통을 전제로 한다. 소통이 안 되는 것, 그래서 말할 수 없는 것에 관해서는 단호하게 침묵해야 한다. 이 침묵은 그저 입을 닫고 대화를 멈추는 게 아니라 잠시 숨을 고른다는 의미를 갖는다. 대화를 하다 보면 너와 나의 '말할 수 있는 것'의 범위와 이해도가 다른 탓에 논리가 아닌 감정이 앞서기도 한다.

대화는 서로의 세계가 만나 섞이고 충돌하는 사건이다. 이 사건은 혼란스럽고 시끄럽다. 가끔 서로 말할 수 없는 것이 있음을 발견했을 때 잠시 숨을 고르고 침묵하는 것은 각자의 세계에 휴식을 주는 배려이며, 이 또한 대화의 연장이다.

9번째 대화

아무런 해도 없고 아무것도 요구하지
않으며 때 묻지 않은 신선한 샘, 아무리
퍼 올려도 마르지 않는 샘에서 물이
졸졸 흘러나오듯 저들은 힘들이지 않고
술술 잘도 대화를 나누는구나!

토마스 만, 「굶주리는 사람들」, 『베네치아에서의 죽음』
(홍성광 옮김, 열린책들, 2009)

대화가 술술 잘 풀리면 얼마나 좋을까마는 어릴 적부터 나는 대화에 어려움을 자주 겪었다. 혼자 떠드는 강연과 달리 대화는 상대방과 주고받는 흐름과 리듬이 있는데, 그걸 파악해 맞추어 가는 것이 어려웠다.

말이 잘 나온다는 건 말의 샘에 수량水量이 풍부하다는 뜻이다. 서로 끊이지 않고 주거니 받거니 할 풍부한 이야깃거리가 있다는 것이다. 물론 내게도 그런 게 있다. 때론 '너무' 많다.

내 속에는 이야깃거리가 차고 넘친다. 그러나 이게 대화에선 오히려 방해 요소다. 대화는 상대와 말을 주고받아야 함에도 나는 상대의 말을 그대로 먹어 버린다. 그러고는 엉뚱한 걸 내놓는다. 맥락도 없이 이상한 말을 길게 늘어놓곤 하는 것이다. 그래서 나는 되도록 대화를 하지 않는 방향으로, 하더라도 되도록 짧게 끝내려고 한다.

어릴 때는 간혹 이상한 소리를 해도 사람들이 곧잘 이해하고 넘어가 줬는데 이제 나이가 들고 보니 그런 이해를 바랄 수 없다. 이 사실이 때때로 두렵다. 그래도 이렇게 책이라도 쓸 기회가 있으니 다행이다.

세상엔 나처럼 거대한 혼잣말의 우물을 마음에 품고 사는 사람이 적지 않을 것이다. 그 우물이 깊고도 풍부한 곳이겠지만 혼자 너무 오래 머물지는 않기를 바란다. 이상한 말, 별것 아닌 말이어도 괜찮으니 누군가에게 말을 건네 보자.

10번째 대화

애서가는 형이상학자들이 자신의
영혼에 질문을 던지는 것처럼
자신의 책에 질문을 던진다. 이 책은
어디에서 왔는가? 그 답에 따라 책의
가치는 크게 좌우된다.

앤드루 랭·오스턴 돕슨, 『책 사냥꾼의 도서관』
(지여울 옮김, 글항아리, 2023)

헌책방의 책 가격은 엿장수 마음대로……가 아니라 책장수 마음대로다. 눈감고 아무 숫자나 적어 넣는 건 아니고, 나름의 규칙이 있다.

내가 지금까지 변함없이 지켜 오는 규칙 한 가지는 헌책이 들려주는 이야기를 듣고 그에 따라 책의 가치를 결정한다는 것이다. 그렇다고 책을 두 손에 받쳐 들고 영적인 소통을 시도한다는 뜻은 아니다.

모든 헌책은 전에 그 책을 읽은 사람의 흔적을 품고 있다. 보드라워진 종이, 희미한 냄새, 밑줄, 접은 흔적, 음료가 흘렀다가 마른 자국, 중요한 곳을 표시한 작은 스티커, 흘려 쓴 메모 등등. 이것들이 모두 대화의 재료다.

천천히 책장을 넘기면 헌책은 제가 이곳에 오기 전까지 어떤 여행을 했는지 가만히 말을 걸어온다.

한번은 1990년대에 출판된 어느 시집 면지에 전 주인이 연필로 써서 남긴 짧은 문장을 발견했다. 시집 곳곳엔 밑줄도 그어져 있었다. 면지에 쓴 문장을 처음 봤을 때는 당연히 다른 시를 베껴 적은 것인 줄 알았다. 흔히들 그러니까. 하지만 문득 그게 아니란 걸 알아차렸다. 그 이름 모를 시집의 주인이 내게 귀띔을 해 줬다. 한때 그가 시인을 꿈꿨다는 사실을.

나는 연필로 쓴 문장과 밑줄을 지우지 않았고 처음에 생각했던 것보다 조금 더 높은 가격을 시집 뒤에 적었다. 또 다른 누군가가 이 아름다운 문장이 들려주는 보물 같은 이야기에 귀 기울일 순간을 기대하며, 헝겊으로 시집을 닦은 다음 조용히 책상 위에 올려두었다.

11번째 대화

모든 종류의 의견을 전부 가진다는
것은 시인임을 의미한다.

페르난두 페소아, 『불안의 서』
(배수아 옮김, 봄날의책, 2014)

20년 전쯤 책방 일을 하기 전 IT 회사에 다닐 적에는 점심 메뉴 결정을 못 해 늘 우유부단하다는 말을 들었다. 한번은 동료 직원이 답답하다는 듯이 물었다. "그렇게도 취향이라는 게 없어요?" 나는 굳이 대답하지 않았다. 우유부단한 사람은 자기 취향이 없는 게 아니라 취향의 스펙트럼이 워낙 다채롭고 넓어 생각할 시간이 좀 더 필요할 뿐이다.

우유부단을 직업으로 삼은 이들도 있다. 이렇게 모든 의견과 고려의 대상을 파고드는 걸 직업으로 삼은 이들. 바로 시인이다. 시인들은 그 무엇도 신뢰하지 않으면서 모든 걸 믿는다. 아무것도 결정하지 않음에도 매 순간 써야 할 단어를 정해야 한다. 그러니 우유부단한 사람은 시인이 될 자격이 있다.

내가 시인들이 운영하는 서점을 덮어 놓고 신뢰하는 이유도 그들이 우유부단하기 때문이다. 무엇이든 단정지어 말하는 사람과 대화하면 불안한 마음이 든다. 내 생각과 행동마저 자기 기준으로 단정 지을 것 같아 걱정스럽기 때문이다. 시인들과 대화를 할 때면, 아무것도 단정하지 않기에 말이 주변에만 맴도는 듯도 하지만 외려 마음은 편해진다.

세상에 완벽하게 믿을 만한 길이 어디 있겠는가. 사회가 복잡해질수록 고려해야 할 것들은 점점 늘어난다. '불도저식으로 밀어붙이기'가 능력으로 인정받던 시절도 있었다. 목소리 큰 사람이 이긴다는 말도 아직 유효하다. 하지만 곧, 점점 더 달라질 거다. 다양한 취향과 길이 있음을 아는 사람은 조금 느리더라도 다 함께 가는 방법을 찾아낸다.

내가 보기엔 우유부단함도 재능이다.

12번째 대화

언제나 사소한 것을 통해 말할 수 없는
곳에 닿으려 해야 해요. 좋은 것은 언제나
말할 수 없는 것이에요.

이성복, 『불화하는 말들』
(문학과지성사, 2015)

비트겐슈타인은 『논리-철학 논고』 마지막 문장을 통해 말할 수 없는 것 또는 말하여질 수 없는 것에 관해서는 침묵해야 한다고 선언했다. 그렇다면 일단 말한 것이라면 침묵의 대상에서 벗어났다고 봐야 한다. 혹은 말한 사람이 그렇게 판단했기에 침묵하지 않은 것이다. 또 어떤 작가는 가장 위대한 작품은 아직 쓰이지 않았다고 말했다. 이 말은, 일단 쓰이고 나면 그 작품은 위대해질 수 없다는 의미다.

말장난처럼 들리기도 하는 아포리즘은 결국 우리가 어디에 마음을 두어야 하는지를 조용히 일러준다. 가르침이라기보다 스스로를 돌아보게 만드는 성찰, 즉 뉘우침을 위한 말이다. 왜냐하면 가르칠 수 있다면, 혹은 우리가 배울 수 있다면 그것은 이미 결과로 증명된 것이어야 하기 때문이다. 그러나 언제나 가장 훌륭한 가르침은 아직 우리가 배우지 못한 것 가운데 있다. 배우고 나면 그것은 이미 최선의 가르침이 아니다.

따라서 좋은 대화도 늘 과정 안에 머문다. 우리가 이미 말한 것은 순식간에 시들어 버린다. 말은 발화되는 동시에 변질된다. 싱싱한 말이란 언제나 우리가 찾으려고 노력하는 그 과정 안에만 존재한다. 그걸 찾아서 말로 하고 나면 곧 저 멀리 흘러가 버린다. 흘러가 버려진다. 그러니 끊임없이 찾는 수밖에 없다.

좋은 말을 찾는 이 지난한 과정을 사랑할 줄 아는 사람은 시인이 될 자격이 있다. 시인은 멋진 글을 쓰는 사람이 아니다. 오히려 글을 쓰지 못하고 말을 하지 못해 언제나 망설이는 사람이다.

13번째 대화

우리는 불멸의 심상, 복잡한 사상,
말하고 울고 웃는 살아 있는 사람들이
생활하는 신세계를 담아낼 수 있는
문자 기호의 기적에 가당치도 않게
익숙해져 있다.

블라디미르 나보코프, 『창백한 불꽃』
(김윤하 옮김, 문학동네, 2019)

헌책방에 어떤 손님들이 오느냐고 묻는다면, 일단은 책을 사는 손님과 안 사는 손님, 이렇게 두 부류라고 하겠다. 당연히 나는 책 사는 손님이 더 좋다.

공교롭게도 이야기를 길게 나누는 쪽은 책을 안 사는 손님인 경우가 더 많다. 책방에 왔는데 살 책도 마땅치 않고 그냥 돌아가기도 뭣하니 주인장에게 말이나 걸어 보는 것이다. 물론 예의상 건네는 인사로 끝나기도 하지만 책하고 아무런 상관없는 주제까지 나아가는 일도 적지 않다. 처음엔 톨스토이 소설 얘기를 하다가도 이내 이렇게 되곤 한다.

"톨스토이는 교회 열심히 다녔을까요?"
"음, 아무래도 러시아니까 우리나라 교회하곤 다르겠죠."
"그쪽 교회에서도 부활절에 떡 주는지 모르겠네요."
"떡이 아니라 달걀 아닌가요?"
"달걀은 하얀 게 좋죠. 노란색은 왠지 색소를 칠한 것 같아서."
"하지만 설탕은 반대로 하얀 게 후처리한 거잖아요?"

손님들에게 "책방에 왔을 때 평소보다 말이 더 잘 나오는 것 같다"라는 말을 종종 듣곤 한다. 책으로 가득한 공간 특유의 분위기 때문이 아닐까 싶다. 책은 우리네 삼라만상을 담은 '소통의 상자'이기에 책에 둘러싸여 있으면 그 속에 가득한 소통의 본질을 조금 나누어 받는 것이다.

사방에 늘어선 책의 도움으로 대화가 잘 이어져 시시껄렁한 이야기들이 모이고 흐른다. 그 이야기들은 우리가 복잡한 삶의 문제에 한 발 다가설 수 있도록 돕는다.

하지만 주의할 점. 수다가 유독 잘되는 그 책방이 오래 존재하길 원한다면 열 번에 한두 번 정도는 어쨌든 책을 사도록 하자.

14번째 대화

상대방이 듣기 싫은 말부터 해서
사랑이 싹트는 경우도 있는 것이다.

조지 오웰, 『1984』
(박경서 옮김, 열린책들, 2009)

요즘 우리 헌책방에서 가장 인기 있는 이벤트는 단연 LP 감상회다. 이날은 내가 평소에 즐겨 듣는 브람스나 바흐 실내악을 주로 소개한다. 이 음악들을 손님들도 대개는 좋아하지만 가끔은 시니컬한 성향의 음악 마니아와 만나는 일도 생긴다.

한번은 생김새조차 까다로운 어떤 손님이 감상회를 마친 다음 내게 한마디 했다. 다짜고짜 브람스는 음악이라고 할 수 없다는 거다. 그의 작품 중에서는 자장가만 유일하게 인정한다며 비꼬았다. 대신에 쇤베르크나 스트라빈스키, 말러를 추천했다.

나는 그런 기괴한 음악에는 관심조차 없었지만, 괜히 말싸움이 될까 봐 기괴하다는 얘기는 굳이 하지 않았다. 쇤베르크 마니아는 내게 「달에 홀린 광대」를 강력히 권했고 그걸 감상하는 방법도 알려줬다. 술에 취한 사람이 울면서 하는 하소연을 듣는다고 생각해 보라는 거다.

나중에 들어보니 그의 말이 딱 정확했다! 잘은 모르겠지만 조성도 멜로디도 딱히 없는 그 이상한 음악을 들으면 벅찬 감정을 이기지 못해 속마음을 마구 쏟아내는 이와 대화를 하는 것 같았다.

그 후로 나는 철학자 아도르노가 쓴 『신음악의 철학』과 정영문의 소설 『달에 홀린 광대』를 찾아 읽을 정도로 쇤베르크 음악에 관심을 가지게 됐다. 현대음악 마니아와 나눈 그날의 대화는 상당히 짜증 났지만, 이런 식으로 새로운 음악을 좋아하게 될 수도 있으니 재미있다.

그렇다고 쇤베르크 음악으로 LP 감상회를 하고 싶지는 않다. 관심 있게 듣고 있기는 하지만, 역시 기괴한 음악이라는 생각은 변치 않아서다.

15번째 대화

젊었던 시절에는 상대방과 대화할 적에
자기 의견을 먼저 말하고 싶어서 허겁지겁하곤
하여 자주 대화의 맥을 끊었는데, 지금은
그렇지 않다. 어떤 호흡이랄까 리듬이랄까
하는 것을 대화 중에 잡아내어 그 흐름 속에서
얘기도 하고 듣기도 하고 그런다.

황대권, 『야생초 편지』

(도솔, 2012)

헌책방에서 만나는 손님들은 그 유형이 셀 수 없을 만큼 다양하기에 나는 되도록 손님의 말을 들은 다음 그 흐름과 리듬에 맞추려고 노력하는 편이다. 그러나 손님도 손님 나름이라 때론 난기류처럼 벅찬 이와도 대화해야 하는 고충이 있다.

한번은 손님이 1980년대에 나온 삼중당 문고 한 권을 골라와서 "옛날 책이 왜 이리 비싸요?" 하며 따져 물었다.

"좋은 책을 고르셨네요. 그 책은 오래된 것이긴 하지만 전혜린의 일기니까요. 찾으시는 분들이 많습니다. 그래서 다른 책보다는 조금 비쌉니다."

나는 일단 손님의 심기를 건드리지 않도록 안목을 칭찬한 다음 책이 비싼 이유를 차근차근 설명했다. 솔직히 그 책, 『그리고 아무 말도 하지 않았다』는 2천 원이니 손님에게 한 소리 들을 만큼 부담스러운 가격은 아니다. 하지만 그의 논리는 막무가내다.

"여기 봐요. 뒤에 가격이 700원이라고 씌어 있는데 이걸 2천 원이나 받아먹으면 도둑놈이지……."

1980년대에 정가 700원이었던 책을 40년 뒤에 2천 원에 파는 게 도둑놈 소리까지 들을 일이라니. 그러면 얼마에 팔면 좋겠느냐고 내가 되물으니 헌책방이니까 무조건 정가인 700원보다는 싸야 한다는 거다. 그는 책을 500원에 달라고 당당하게 말했다. 하늘에서 전혜린이 이 대화를 들으면 뭐라 할까?

이 정도 난기류라면 대화의 리듬이니 호흡 같은 건 의미가 없다. 나는 책을 안 팔겠다며 손님을 돌려보냈다. 그리고, 더는 아무 말도 하지 않았다.

따스한 햇살이 들판 가득 내리쬐고,
큰 바람이 그들의 말을 휩쓸고 가며 생기
넘치는 순수함으로 그들을 마구 쳤다.
그들은 대화를 나누는 즐거움을 맛보기
위해 알고 있는 것을 서로 얘기했다.

에밀 졸라, 『꿈』

(최애영 옮김, 을유문화사, 2008)

서로 앎의 수준이나 범위가 비슷하면 대화 상대와 공감과 훌륭한 대화로 나아갈 가능성이 높다. 우리는 과거와 비교하면 지식의 홍수 속에 살아서, 누가 어떤 화제를 꺼내든 웬만큼 전문적인 분야가 아닌 이상 대화가 아예 안 통하는 경우는 드물다. 그러니 더 중요한 것은 '무엇을 아느냐'보다 '어떻게 아는가'이다.

고등학생 때부터 알고 지낸 친구가 있다. 그때는 우리 둘 다 말주변이 없고 수줍음을 많이 타는 성격이었다. 비슷한 면이 있어 둘이 더 친해졌던 게 아닌가 싶다. 그런데 오랜만에 만난 그는 스피치 학원의 강사가 되어 있었다. 말투는 물론이고 어깨가 딱 벌어진 모습이 상당히 자신감에 차 보였다.

그런데 그가 유튜브에서 히틀러의 연설 동영상을 보고 매력을 느꼈다는 거다. "히틀러가 누군지나 알고 그런 소릴 하니? 수많은 사람을 죽인 독재자라고!" 내가 그렇게 말하니까 친구가 받아쳤다. "나도 알지. 하지만 누구나 다른 면이 있는 법이니까. 나는 히틀러의 연설 기술만 좋아하는 거지 독재를 옹호하거나 그런 건 아냐." 나 역시 히틀러 연설 동영상을 본 적이 있는데 딱히 멋있다거나 훌륭하다는 느낌을 받지는 못했다. 히틀러에게서 아무 장점을 하나 뽑아보라면 군복이 잘 어울린다는 것 정도랄까? 어릴 때는 화가를 꿈꿨다고 하니 나름 패션에도 관심이 있었던 모양이다. 어릴 때 늘 고개를 숙이고 다니던 친구가 스피치 강사가 되고 당당한 자세로 사는 데 히틀러가 기여했다는 생각이 들면 기분이 묘했다. 다만 학원에서 대놓고 히틀러를 가르치거나 하지는 않았으면 한다.

17번째 대화

시인에 대해 말하기란 거북한 일이다.
시인은 인용되는 존재이지 말할
상대는 아니기 때문이다.

한나 아렌트, 『어두운 시대의 사람들』
(홍원표 옮김, 한길사, 2019)

우리 헌책방에 손님으로 오는 창작자들은 대개 정체를 드러내지 않는다. 사람 마음이 참 간사한 게, 내가 어디 가서 가만히 있는 건 당연해도 다른 사람이 내가 일하는 책방에 와서 정체를 숨기면 좀 괘씸하다는 생각이 든다.

그러나 아무래도 동종업계(?)에 몸담은 사람들은 숨기려고 해 봤자 단 몇 마디에 낌새를 채는 법이다. 글 쓰는 사람은 대화할 때 문어체로, 특히 자신의 문체대로 말하곤 한다.

언젠가 만난 소설가 G는 말끝마다 "했답니다", "하였습니다"라고 해서 웃음이 날 뻔했다. "헌책방에 들어오니 과거의 기억을 간직한 향긋한 책 내음이 코끝을 어루만지네요." 이건 어느 시인이 심상한 얼굴로 꺼내놓은 말이다.

독특한 기억으로 남은 이는 유희경 시인이다. 그는 외양부터 딱 봐도 시인이었다. 큰 키에 깡마른 체격, 거뭇거뭇한 턱수염과 허름한 옷차림까지. 꽤 이름이 알려진 시인임에도 그는 전혀 거드름을 피우지 않았다. 우리의 대화는 꼭 사뮈엘 베케트 희곡에 나오는 두 사람, '디디'와 '고고'의 농담 같았다. 시시껄렁한 얘기를 주고받지만, 며칠 지나고 다시 생각해 보면 결코 시시하지도, 껄렁하지도 않았다는 걸 알게 된다.

소설가든 시인이든 찾아가서 만나지 않는 나도 글이 잘 안 풀릴 때면 가끔 그가 일하는 서점 '위트 앤 시니컬'에 간다. 거기서 시집을 사고 잠깐 얘기를 나눈다. 꼬인 마음을 그와의 대화에 위탁한다.

그러나 유 시인의 작품을 내 책에 인용한 경우는 없다. 아렌트는 시인이 인용되는 존재라고 했으나 인용보다는 대화 상대로서 좋은 시인도 더러 있는 것이다.

18번째 대화

합리적 언표는 비판 가능하기 때문에
개선 가능하다. 우리는 우리들
사이에서 일어나는 잘못을 확인하게
될 때 실패한 시도를 교정할 수 있다.

위르겐 하버마스, 『의사소통행위이론』

(서규환 외 옮김, 의암출판, 1995)

용인에서 카페를 빌려 독자 대여섯 명과 북토크 이벤트를 했을 때 일이다. 이런 소규모 행사는 대형 강연보다 질의응답 시간이 길고 알차서 맘에 든다.

책을 출간하고 나서 이런 강연이나 북토크 같은 행사를 자주 하는 이유는 쓸 때는 짐작도 못 했던 독자들의 말을 들을 수 있어서다.

『이상한 나라의 책 읽기』라는 책에 '독서를 재미로만 하면 안 된다'고 썼더니 한 독자가 이의를 제기했다. "세상에 워낙 책이 많으니까 일단은 재미있는 책이라도 골라 읽는 게 좋지 않을까요?"

아차, 세상에는 책이 많아도 너무 많다는 당연한 사실을 나는 간과하고 있었던 거다. 작가들은 모두 책벌레일 것 같지만 꼭 그렇지만도 않다. 책 쓰는 사람일수록 편협한 독서 세계를 가지고 있을 확률이 높다. 나도 그렇다.

따지는 듯한 그의 질문에 기분이 상한 것도 잠시뿐 대화해 볼수록 내 식견이 좁았다는 걸 알았다. 재미란 심심풀이용 독서에서만 찾을 수 있는 것이 아니다. 이날 이야기를 나누지 못했다면 내 생각은 수정될 기회가 없었을지도 모른다.

그 후로 무슨 글을 쓰든 재미있게 써야 한다는 강박을 내려놨다. 대신 이 글을 누군가 자신만의 의미로 재미있게 읽어 주기를 기대한다. 나 또한 나만의 재미를 찾아 실패하고 교정하며 꾸준히 앞으로 나아가리라 다짐한다.

좋은 대화는 작가와 독자의 지평을 함께 넓히는 고마운 기회가 된다.

19번째 대화

X의 방문. 그는 옆방에서 끊임없이 말한다. 감히 문을 닫을 수도 없다. 나를 방해하는 것은 소리가 아니라, 대화의 진부함이다.

롤랑 바르트, 『텍스트의 즐거움』
(김희영 옮김, 동문선, 2022)

어떤 가게든 손님과의 대화는 피할 수 없다. 대화를 지양하는 곳도 있다지만 그런 곳은 아무래도 특별한 경우다. 보통은 간단하게나마 손님과 일꾼이 말을 섞는 게 자연스럽다.

문제는 대화가 간단하게 끝나지 않을 때다. 일부러 가게에 피해를 주려고 그러는 건 아니겠지만(설마 고도의 영업 방해 전략은 아니겠지?) 말이 너무 많아서 피곤한 손님이 더러 있기 마련이다.

말솜씨가 좋으면 일단은 얘기가 길어져도 재밌게 웃어넘길 수 있다. 하지만 말이 많으면서 재밌기는 상당히 어렵다. 반대로 재밌는 사람이 말을 길게 하는 일도 많지 않다. 그러니 우리의 해결 과제는 지루하게 말을 많이 하는 사람들을 어떻게 그만두게 하느냐, 혹은 그 대화를 어떻게 회피하느냐가 된다.

우선 말 많은 사람에게 맞장구를 치면 흥이 나서 말이 더 길어지니까 반응은 최소한으로만 한다. 반응이 없다며 손님이 화를 내지는 않도록 "네네.", "그렇군요." 정도로만 건조하게 대꾸한다.

그러다 적당한 틈에 전화가 온 척한다. "네네. 아, 지금요? 네네, 괜찮습니다." 하면서 전화기를 내려놓는다. 그러면 지루하거나 진부한 주제의 대화를 중단시킬 수 있고 이쪽에서 먼저 화제를 바꾸는 것도 가능하다.

단순한 것 같아도 제법 잘 통하는 비법이니 평소에 가짜로 통화하는 훈련을 자주 해 두면 좋다. 모름지기 어설픈 연기는 가게 주인이든 정치인이든 결국엔 화를 부르기 마련이니 말이다.

20번째 대화

말의 함정에 빠져든다는 것, 이것은 말과 말이 명명하는 것이 서로 동시대적이지 않기에 고유성을 갖지 못하는 그런 말을 구사한다는 것을 뜻한다.

자크 랑시에르, 『역사의 이름들』
(안준범 옮김, 울력, 2011)

이제 나이가 든 건지 주변 사람들로부터 말투가 예스럽다는 소리를 자주 듣는다. 하긴 나도 이제 쉰이나 됐으니까 그런 말을 들을 만도 하다. 그래도 인생은 육십부터라는 말도 있는데 오십이면 아직 젊은 거 아닌가.

"너는 그게 문제야. 인생은 육십부터라는 말 자체가 옛날 말이잖냐? 요즘엔 그런 말 안 쓴다고."

아, 그런가? 하지만 이런 핀잔을 나보다 어린 사람도 아닌 오랜만에 만난 동갑 친구에게 듣는다는 게 영 언짢다. 그래도 하는 수 없다. 그는 직장에서 말이 올드하다는 평가는 받지 않는 모양이니까.

그리하여 나는 그를 만날 때면 요즘은 어떤 말이 유행이며 그 말을 어떤 상황에서 쓰면 되는지에 관해 한참 동안 강의를 듣곤 한다. 얘기를 자세히 들어 보면 그도 다른 어린 직원에게 이런저런 지적을 당하면서 배우고 있는 듯싶다.

나야 평소에 손님 외에는 사람 만나 대화 나눌 일이 별로 없지만 그는 날마다 직원들 틈에 껴서 지적당하고 비판받는 게 일상이 아닐까 생각하니 조금 측은한 마음도 든다. 가끔 나라도 만나 이렇게 내 말투와 행동을 지적하는 걸로 위안을 삼는다고 해도 뭐라 할 수 없다.

아무튼 이날 친구가 내게 해 준 조언은 이렇다. 나이 든 걸 숨기지 말고 특히 말할 때 신조어나 유행어를 삼갈 것. 그럴수록 오히려 늙었다고 자랑하는 것처럼 보인다는 거다.

"그야 당근이지!" 나는 무심결에 이런 재미없는, 게다가 동시대적이지도 않은 개그 리액션을 해서 친구에게 또 혼이 나고 말았다.

21번째 대화

저는 단 한 번도 본 적이 없고 영원히
아는 사이가 되지 못할 사람들과 평생
대화를 나눠 왔으며, 앞으로도, 숨이 멎는
날까지 계속해서 그렇게 살고 싶습니다.

폴 오스터, 『낯선 사람에게 말 걸기』
(김석희 외 옮김, 열린책들, 2022)

책을 쓴다는 건 불특정 다수에게 말을 건네는 행위이며 이름 모를 독자와 나누는 소통이다. 작가는 독자가 누구인지 모른다.

하지만 특정 독자가 몹시 신경 쓰이는 일도 있는데 이게 참 골치 아픈 경우다. 절판된 책을 찾으러 다니는 일을 하며 알게 된 책 마니아 H 씨가 딱 그렇다. 성격이 유별나긴 해도 책에 관한 한 지식이 박사급이어서 자주 그에게 신세를 지고 있는 형편이다.

나는 주변 사람들과 겪은 일을 책에 적극적으로 쓰는 편이라 재미있는 일이 생기면 즉시 수첩에 적어 놓는다. H는 평소 인간관계가 가능할까 싶을 만큼 약간 정신 나간 듯한 성격 탓에 책에 쓴 일화 가운데 그와 관련된 내용이 적지 않다.

그런 H가 언젠가 대뜸 물었다. "사장님 책에 내 얘기도 나온다면서요?" 애초에 관심이 없을 것 같아서 책 쓴다는 얘기도 한 적이 없는데 어떻게 알았을까. 역시 몰래 읽고 있었나? 응큼한 사람 같으니.

그러더니 자기 얘기를 허락도 없이 왜 쓰느냐면서 저작권료로 초코파이 25개를 내놓으라고 했다. "한 상자 12개도 아니고 두 상자 24개도 아니고 25개는 뭐예요?" 하고 묻자 그가 킥킥대며 말한다. "그냥 그런 게 있어요." 다음에 만날 때 나는 약속대로 초코파이 12개들이 두 상자에 낱개로 한 개를 더해 공물로 바친 다음 그에게 왜 하필 25개냐고 다시 물었다.

"톨스토이 소설 『바보 이반』 아시죠? 거기 힌트가 있으니 찾아봐요. 찾으면 그것도 책에 쓰시고."

일단 이렇게 책에다가 쓰기는 했지만 『바보 이반』과 초코파이 25개가 어떻게 연결되는 건지는 모르겠다. 아시는 분은 개인적으로 연락 바랍니다. 정답이면 그것도 다음 책에 쓰겠습니다.

22번째 대화

단지 언어만이 흘러가는 감정을
사유로 바꿀 수 있기에 사유하는
인간은 대화를 나눈다.

안드레이 플라토노프, 『체벤구르』

(윤영순 옮김, 을유문화사, 2012)

만담이라는 코미디 장르가 있다. 漫談. 질펀할 만, 말씀 담. 별다른 도구 없이 두 배우가 나와 '질펀한 대화'를 나누는 것만으로 사람들을 웃게 만든다. 요즘은 코미디도 많이 발전해서 다양한 장르가 생겼지만, 클래식은 영원하다는 말처럼 언어로 재미를 주는 만담과 몸으로 웃기는 슬랩스틱은 아직도 꾸준한 인기를 누린다.

말재주가 없고 어릴 적부터 애늙은이라는 별명을 달았던 나에게는 텔레비전에 나오는 만담가가 퍽 멋있게 보였다. 혼자 있을 때면 몰래 그들의 연기를 흉내 내 보곤 했다.

하지만 만담은 반드시 둘이 있어야 할 수 있는 코미디다. 아무리 흉내라곤 하지만 혼자서 두 사람 연기를 한다는 건 내가 생각해도 좀 억지스러웠다. 혼자서 양손을 맞대고 가위바위보를 하는 것 같달까?

그래서 초등학생 때 가끔 어울리던 동네 친구를 불러내 만담 놀이를 했다. 물론 여기에도 큰 문제가 있었다. 친구도 비슷한 사람끼리 만나게 될 확률이 높다고 하던가. 내 친구도 나와 맞먹을 만큼 애늙은이였다는 점은 우리가 극복할 수 없는 벽이었다. 재미없는 애 둘이면 두 배로 재미없는 만담이 탄생한다.

지금은 만담이야말로 최고 경지에 오른 언어철학의 결과물이라고, 어릴 때 우리가 벽을 넘지 못했던 건 사유가 부족했기 때문이라고 믿는다. 웃긴 생각은 아무나 할 수 있지만 그것을 철학적 사유로 승화하는 건 전혀 다른 문제다.

뭐, 이것도 사안에 따라 다를 것이다. 예전에 책에서 비트겐슈타인과 그의 스승인 러셀이 대화하는 장면을 유심히 읽었는데, 그 두 사람의 대화야말로 재미없음의 극치였다. 만담 오디션이라면 등장하자마자 탈락이다.

23번째 대화

정말 사랑하고 있는 사람은 말다툼을 할 때 애인이 얼토당토않은 말을 하면 기뻐한다.

발터 벤야민, 『일방통행로』
(조형준 옮김, 새물결, 2007)

가끔은 정말이지 얼토당토않은 이야기를 손님에게 듣는다. 그가 왜 굳이 그런 이야기를 헌책방에 와서 하는지, 그것은 수수께끼로 남겨 놓기로 하고 일단 들어보자.

그는 삼십 대 중반 정도에 별로 특별한 구석이 없는 남자다. 그에게는 지난 8년 동안 사귄 여자 친구가 있다. 남자는 이제 슬슬 결혼 이야기를 꺼내야겠다는 결심을 굳히고 있던 터였다.

연인들이 다들 그렇듯이 그들도 종종 사소한 일로 티격태격하다가 며칠씩 속앓이를 하기도 했다. 그럴 때 남자는 여자 친구의 토라진 속내를 단숨에 풀어내는 묘책을 갖고 있었으니, 그건 바로 전화를 걸어 얼토당토않은 이야기를 불쑥 꺼내는 것이다. 이를테면 "주말에 동물원 가서 코끼리 꼬리에 붙어 다니는 귀뚜라미 볼까요?" 하는 식이다. 남자는 이 방법으로 지난 8년간 여러 번 화해에 성공했다고 한다.

하지만 얼마 전 싸웠을 땐 의외의 사건이 일어났다. 늦은 밤 전화를 걸어 역시나 시시껄렁한 이야기를 했는데, 여자 친구가 갑자기 화를 내더라는 것이다. 심지어 이별 선언까지! 그 일 이후 정말로 헤어졌고 3개월이나 지났는데도 재결합의 기미조차 없단다. 왜 일이 이렇게까지 됐는지는 그도 모르고 당연히 나도 알 턱이 없다.

베냐민이 옳다고 하더라도 연인과 싸웠을 때 얼토당토않은 이야기는 너무 자주 하지 않는 것이 좋다는 나름의 교훈을 끝으로 이 손님과의 대화를 마쳤다.

24번째 대화

"사람들과 어울리기 위해 부풀린
대화를 하고 있지만, 시험 삼아 한번
훅 불어 보면 부푼 거품은
꺼져버리는 법이네."

셰익스피어, 『햄릿』
(박우수 옮김, 열린책들, 2010)

헌책방에 웬 중년 남녀 대여섯 명이 우르르 몰려 들어온 적이 있다. 모두 몸에 딱 붙는 타이츠를 입고 있어서 나는 단번에 그들이 자전거 동호회 회원임을 알아봤다.

그중 한 사람이 큰 목소리로 말했다. "여기 주인장이 책도 쓰는 작가라고. 인사들 해. 허허허!" 그리고 이어서, "책을 한 열 권 정도 썼지 아마? 돈 많은가 봐? 권당 몇백은 드는 건데. 안 그래요?" 반말 같기도 하고 아닌 것 같기도 한 말투로 나를 보며 물었다. 분위기가 영 불편해 잠자코 있었다.

그는 계속해서 다른 이들에게 자신이 이 책방 단골이고 나하고도 꽤 친한 사이인 것처럼 너스레를 떨었다. 나는 그를 오늘 처음 봤다. 가만, 타이츠를 입고 있어서 몰라봤는데 가만히 기억을 떠올려 보니 지난주에 한 번 왔던 손님이다. 그는 책도 안 샀고 대화라고 해 봐야 그냥 인사 정도만 주고받았을 뿐인데 막역한 친구 사이라도 되는 듯 부풀려 말하는 중이다.

표정에서 웃음기를 지우고 사무적인 태도로 응대했더니, 그들도 멋쩍었는지 왔던 모양 그대로 우르르 몰려 나갔다. 내게 말을 걸었던 그가 나가면서 명함을 한 장 쥐여 줬다. "시인, ○○문학회 회장, □□자전거 사랑회 회장(3회 연임)"이라고 적힌 명함이었다.

도대체 이런 사람은 무슨 삶을 어떻게 살아왔을까 싶기도 했지만 아무렴 어떤가, 나처럼 사는 사람도 있고 그처럼 사는 사람도 있는 게 세상인 게지. 다만 인생의 거품이 꺼지지 않게, 별 탈 없이 잘 사시길 바란다.

25번째 대화

"사람들은 살면서 서로 만나고, 이야기를 나누고, 토론하고, 다투고 그러지. 서로 다른 시간의 지점에 놓인 전망대에서 저 멀리 서로에게 말을 건네고 있다는 건 알지 못한 채 말이야."

밀란 쿤데라, 『무의미의 축제』
(방미경 옮김, 민음사, 2024)

'케빈 베이컨의 6단계 법칙'을 아시는지? 누구든지 여섯 단계의 인간관계만 거치면 전 세계 대부분의 사람과 연결될 수 있다는 사회 이론을 어떤 배우의 이름으로 설명한 것이다. 케빈 베이컨이라는 미국 배우는 출연작이 많아 여섯 단계만 거치면 할리우드 배우 대부분이 그와 연결된다는 것.

　우리는 모든 사람과 어떤 식으로든 연결되어 있으며 그 관계망을 정확히 밝혀 내는 일은 사실 불가능에 가깝다. 나아가 한 개인은 시공간을 뛰어넘어 과거의 인물과 연결되어 이야기를 주고받기도 한다. 이 연결은 현재에 머무르지 않고 그대로 미래를 향해 뻗어나가 언제일지 모를 훗날에 영향을 끼치기도 한다. 누군가에게 어떤 식으로 영향을 줄지, 받을지는 아무도 모른다.

　몇 년 전 영화 '엑스맨' 시리즈를 즐겨봤는데 지금 와선 왜 그걸 재밌게 봤는지 잘 모르겠다. 이 시리즈에 케빈 베이컨이 나왔다는 건 나중에야 알았다. 영화를 보면서도 그 악독한 박사가 그인 줄 몰랐다. 내게 케빈이라고 하면 열두 살배기 귀여운 남자애고 베이컨은 구워 먹어야 제맛인데.

　어쩌면 케빈 베이컨과 열두 살이었던 케빈도 느슨하게 아는 사이일지도 모르겠다. 바로 지금이 아니더라도 미래나 과거의 어느 시점에서 연결될 수도 있다. 어느 날은 서로를 전혀 의식하지 못한 채 동시에 점심으로 베이컨을 구워 먹었을지도 모를 일이고.

　그나저나 드라마 『케빈은 열두 살』을 아직 기억하는 분들이 있으려나? 내 기억에 케빈은 열세 살 때까지만 귀여웠다.

26번째 대화

"이타심? 바보 같은 소리 그만해. 너는 스스로 만든 소신을 유지하기 위해 그랬던 거야. 그건 다른 어떤 사람의 의견보다도 더 중요하거든!"

아서 클라크, 「긴장 탈출」, 『아서 클라크 단편 전집 1937~1950』(심봉주 옮김, 황금가지, 2011)

2000년대 초 이따금 일본에 여행을 가면 눈에 들어오는 것이 있었다. 작은 책방들이, 도쿄 도심에서 조금 떨어진 골목에 드문드문 생겨나고 있었다. 책방이라고 하면 학교 앞에서 참고서를 파는 곳이나 시내 대형 서점만 생각했던 내게 작고 아기자기한 도쿄의 책방은 매력적으로 다가왔다. 특히 그 작은 책방에서의 소규모 음악 공연이나 시 낭송회 같은 이벤트를 볼 때면 나도 꼭 해보고 싶다는 감상에 젖었다.

헌책방을 시작한 2007년부터 가게 안에서 이런저런 이벤트를 할 작정으로 거기에 맞게 공간을 배치했다. 작은 책방에서 하는 행사니까 동네 사람들의 의견을 들어보는 일도 중요하다. 우리 가게에서 뭘 하면 좋을지, 주민들은 책방에서 하는 행사를 어떻게 생각하는지 직접 들어보고 싶어서 손님이 오면 나는 항상 잠깐이라도 대화를 시도했다.

그런데 적지 않은 사람들이 책방에서 왜 그런 걸 하느냐며 의아한 표정으로 되물었다. 혹은 비아냥거렸다. 나를 위한 조언이라며 책방 운영에 대해 감 놔라 콩 놔라 말이 많았으나, 정작 내 의견을 주의 깊게 듣는 사람은 없었다. 안 된다는 이야기뿐이었다. 한계를 먼저 말하면 그다음 대화는 벽과 벽이 만나는 모양새로 흘러갈 수밖에 없다. 벽이 사실은 허상인 줄도 모르고 누구 벽이 더 높은지에 대해서만 말한다.

시간이 지나며 적지 않은 사람들이 자기만의 개성을 담은 작은 책방을 차렸고 원인이랄 것도 딱히 없이 벽은 자연스럽게 허물어졌다. 이제는 헌책방에서 음악 공연이든 마술 공연이든 무얼 해도 이상하게 보는 사람이 없다. 책방 운영이란 그런 벽이나 가시덤불 같은 허상의 의견들을 하나씩 지워 나가는 멋진 일이었다.

27번째 대화

"진정한 대화는 바로 모르는 사람끼리
우연하게 나누는 대화야."

체사레 파베세, 『레우코와의 대화』

(김운찬 옮김, 열린책들, 2010)

이상한 나라의 헌책방 초창기에는 지금보다 훨씬 많은 이벤트를 기획했다. 주말마다 청소년 문화제며 영화 상영회, 마을 회의 같은 걸 하다 보니 책방은 언제나 동네 사람들로 북적거렸다.

헌책방에서 했던 이벤트 중에서 가장 기억에 남는 것은 '심야 책방'인데 그런 날은 정말로 밤샘 영업을 했다. 배짱이 넘쳤다. 밤 열두 시에 이벤트를 해도 동네 사람들이 찾아 주어서 기뻤다. 심야 이벤트 역시 주로 동네 사람들과 책 얘기를 하는 것이어서, 다른 지역 사람들과도 즐겨 보고 싶은 생각에 '심야 책방 괴담회'라는 행사를 만들었다. 0시가 되면 참가자들이 한 사람씩 돌아가며 자기가 직접 겪은 책과 관련된 기이하고 괴상한 이야기를 들려주는 행사였다. 이야기를 듣고 나서 순위를 정하거나 상품을 주는 것도 아니었는데 우려했던 게 무색하게도 적지 않은 사람들이 참가 신청을 해 주었다.

행사는 대성공이었다. 참가자들끼리는 전혀 안면이 없었고 이날 우연히 모인 것뿐이었는데, 그 덕분에 더 허물없는 대화를 나눴다. 편하게 즐기려고 아는 사람만 참가자로 초대했으면 괴담회의 분위기가 기대에 못 미쳤을지도 모른다.

얼마 전 이 괴담회의 내용을 일부 정리해 『헌책방 기담 수집가』 두 번째 책에 수록했다. 원고를 쓰려고 그때 녹음해 뒀던 파일을 다시 들으니 등골이 오싹했다. 그때 나온 괴담들도 하나같이 우연에서 출발한 이야기였으니, 우연이란 얼마나 놀라운 힘을 지녔는지!

28번째 대화

"역시 얼빠진 사람이로군요.
박사 논문을 쓰다니, 좀 더 얘기가
통하는 사람일 줄 알았는데."

나쓰메 소세키, 『나는 고양이로소이다』
(김난주 옮김, 열린책들, 2009)

우리 헌책방에 자주 오는 손님 중에 상당히 특이한 이가 있다. 물론 우리 가게에 오는 특이한 사람이 한두 명이 아니긴 하지만 이 사람은 그중에서도 유독 레벨 높은 특이함을 지닌 기인과 같은 존재다. 기인이라고는 해도 뭔가 특별한 재주가 있거나 한 것은 아니다. 그냥 보기엔 평범하다. 동네 마트에서 흔하게 마주칠 법한, 그래서 몇 번 본다고 해도 기억에도 잘 남지 않을 그런 유형의 사람이다.

그는 'L'이라는 중년 남자로, 언젠가 내게 명함을 준 적이 있다. 거기에는 간단히 이렇게 적혀 있었다. "시인, 문학박사". 달라고도 하지 않았는데 명함을 준 사람이 박사라니! 내가 지금껏 만나 본 박사 중에 정상적이라 할 만한 사람은 거의 없었다.

L은 헌책방에 올 때마다 내게 명리학을 가르쳐 준다면서 말을 걸었다. 그는 시나 문학에 관해서는 일절 얘기한 적이 없고 모든 대화의 시작과 끝이 명리학, 토정비결, 정감록 따위다. 시인과 문학박사라고 적은 명함은 대관절 왜 준 것인지 모르겠다.

가장 문제가 되는 것은 다른 손님이 있을 때다. L은 거의 매번 손님들에게도 다가가 점을 봐 주겠다느니 하면서 이런저런 말을 건다. 내가 그러지 말라고 주의를 줬는데도 마이동풍이다.

L 외에도 헌책방에 오는 박사가 몇 명 더 있는데 그들에 관한 이야기는 다음을 기약해야겠다. 그 이야기를 풀어내기엔 이 책의 지면이 너무 좁다. 아마 그들도 이렇게 작은 지면에서 자신이 소개되는 걸 원치 않을 것이다.

혹시 특별한 대화 상대를 찾는가? 박사, 특히 헌책방에 자주 가는 박사나 장차 박사가 될 대학원생을 추천한다.

29번째 대화

"나와 당신이 이렇게 말을 나누는
것도 어떤 운명 때문입니다.
수상한 운명이고 이상한 인연이니,
한 번만 내 비밀의 잔을 받아 주지
않겠습니까?"

구니키다 돗포, 「운명론자」, 『무사시노 외』
(김영식 옮김, 을유문화사, 2011)

『헌책방 기담 수집가』라는 책을 쓸 때, 손님들이 찾고 싶어 하는 절판된 책을 찾아 주는 대가로 왜 그 책을 찾는지에 관한 이야기를 듣는 것은 기대 이상으로 흥미롭고 또 놀라운 경험이었다. 한편 모든 책이 사람과 그 나름의 운명으로 연결되어 있다는 사실을 알게 되자 조금 겁도 났다.

책과 책은 연결되어 있으며 사람과 사람도 이어진 채로 살아간다. 책과 사람 또한 별개가 아니다. 우리는 책을 읽기 위해 서점이나 도서관으로 간다고 믿지만, 사실은 책이 우리를 저 있는 곳으로 끌어당기는 것이다. 책은 사람을 책 속으로 끌어들여 끊임없이 새로운 이야기를 창조해 낸다. 내가 『헌책방 기담 수집가』에서 하려고 했던 말이 이것이다.

책에 쓰지 못한 기담들도 아직 많다. 완결되지 않은 이야기, 중간에 끊어진 이야기, 하지만 언젠가 또 갑작스럽게 이어질 이야기들이 수첩에 빼곡하다.

같은 책이라도, 누구와 연결되느냐에 따라 전혀 다른 이야기가 펼쳐진다. 돌아가신 아버지에게 물려받은 책, 절교한 친구와 엮인 책, 만날 수 없는 처지에 놓인 연인이 함께 읽은 책 그리고 거기에 엮인 사람들의 삶과 인생 그 자체인 운명!

나는 그동안 대화했던 모든 사람에게서 운명의 무거운 힘을 느꼈다. 무거움을 넘어 무섭기까지 한 힘이다. 책은 마치 신령을 가진 존재처럼 사람과 얽혀 있었고 우리는 책이 뿌려 놓은 거미줄을 피할 재간이 없다.

나는 이 비밀스러운 대화를 다시 책으로 엮으며 두려운 운명 앞에 말없이 고개를 숙인다.

말을 시작하는 사람은 언제나,
그것이 아무리 작은 것일지라도, 어떤
손해와 상실을 각오해야만 한다.

최정우, 『세계-사이』

(타이피스트, 2024)

철학가이자 비평가, 미학자에다 헤비메탈 밴드의 리더이기도 한 최정우를 몇 번쯤 만났다. 현재는 프랑스에서 교육자, 작가, 음악가로 활동하며 산다. 멋있는 사람이다.

최정우가 쓴 책을 읽어 보면 내용이 상당히 과격한 편인데 정작 만나서 대화를 해 보면 목소리도 여리고 전혀 과격하지 않다. 그와의 대화는 그의 민머리처럼 매끄럽다. 그런 그가 과격하고 괴이하게 변신하는 때가 있다. 음악을 할 때다. 솔직히 말하면 나는 그의 공연에 갈 때마다 소음 줄이는 귀마개를 착용하고 되도록 스피커 앞자리는 피한다.

말과 작품이 왜 이리 차이가 나는지 대놓고 물어보지는 않았지만, 내 생각에 최정우는 내면이 과격한 사람 같다. 폭력적이라는 게 아니라 그의 내면에서 일어나는 생각과 사상이 책이나 음악으로 과격하게 터져 나오는 것이다. 말로는 좀처럼 표현하기 힘든 과격함이 있기 마련이다.

그래서 최정우와 하는 대화는 즐겁고 한편으론 아슬아슬한 순간도 있다. 그는 주로 자기가 쓴 책에 대해 말하는데 목소리는 늘 상냥해도 뭔가를 각오한 듯 단호하다. 그 단호함은 어쩌면 책을 통해 그가 불시에 맞닥뜨릴 누군가의 손해와 정신적·육체적 상실에 대한 것이리라.

말은 사람에게 힘과 위로가 될 수 있지만, 그 반대인 경우가 다반사다. 상처를 받을지 아니면 줄지 아무도 모른다. 우리는 그것을 예측하거나 대비하지도 못한다. 의도할 수도 없다. 대화는 어디로 나아갈지, 어디서 끝날지 오리무중이다. 그러므로 아무것도 장담할 수 없다. 할 수 있는 것은 다만 하나, 손해와 상실을 감수하겠다는 각오뿐이다.

31번째 대화

다른 사람에게 자꾸 물어보지 말고
문제의 진실을 스스로 알아내도록
노력하세요.

지두 크리슈나무르티, 『자유인이 되기 위하여』
(안정효 옮김, 청하, 1985)

강연이라고 하면 보통은 혼자서 하지만 때론 몇 사람이 돌아가며 릴레이식으로 할 때도 있다. 이날은 유명 강사가 첫 번째 순서를 맡았고 그는 자기 순서를 끝낸 다음 다른 지역 행사가 또 있는 관계로 강사 대기실에도 들르지 않고 바로 떠나 버렸다.

대기실에서 자기 순서를 기다리는 강사 네 명 가운데 나는 끝에서 두 번째였고 내 옆에 앉은 스님인 듯한 이가 마지막 순번이었다. 드디어 스님과 나 둘만 남았을 때 그가 웃으며 말했다. "긴장되시죠? 무대 올라가서 실수하거나 분위기 이상해져도 신경 쓰지 마세요. 제가 마지막 순서니까요."

그는 법력보다는 자존감이 더 높아 보였다. 곧이어 스님은 대뜸 내게 뭔가 고민거리가 있으면 자신에게 물어보라고 했다. 자기가 그런 쪽에 전문이라면서. 지금은 딱히 고민이 없다고 하자 그는 살짝 당황한 듯한 표정을 지었다.

내 순서를 끝내고 남아서 스님의 '고민 해결 쇼'도 보았다. 그는 유명 강사는 아니었지만 어쩌면 곧 유명해질지도 모르겠다. 사람들이 듣고 싶어 하는 말이 뭔지 정확히 아는 듯했다. 내가 강단에 올라가기 직전 그가 해 주었던 조언처럼.

"긴장하지 말고 대화하듯이 해 보세요. 조심할 점은, 관객들은 대화할 때 강사가 자기 생각을 말하면 싫어한다는 거예요. 상대방이 듣고 싶어 하는 얘기를 해 봐요. 그러면 사람들이 아주 좋아할 거예요."

과연 그는 능수능란하게 관객들과 호흡하며 말을 잘 골라 했다. 마치 연극배우 같았다. 박수도 많이 나왔고 관객석은 웃음소리로 떠들썩했다. 하지만 그게 과연 옳은 대화 방법이었는지는 여전히 확신이 서지 않는다.

32번째 대화

우리는 대담이라는 춤을 추면서
서로의 발을 밟지 않으려고 주의하는
한편, 다른 제3자의 존재를 의식하지
않으려고 노력했다.

데이비드 케일리·이반 일리치, 『이반 일리치의 유언』
(이한 외 옮김, 이파르, 2010)

때론 작가로, 또 어느 때는 헌책방 주인으로 종종 대담 이벤트에 초대받아 이야기를 나누곤 한다. 난이도로 보자면 혼자 길게 말해야 하는 강연보다는 둘 이상의 패널이 함께 나오는 대담이 훨씬 편하지만, 패널과의 합이 잘 안 맞으면 강연보다 오히려 더 진땀이 난다. 곤란을 겪지 않으려면 미리 준비하는 게 상책이다. 함께 이야기 나눌 사람이 누구인지 담당자에게 물어보고 가능하다면 그 사람이 쓴 책이나 활동 내용 등을 대강 훑어본다. 그러면 무대에 올라 대화할 때 말실수나 결례를 줄일 수 있다.

노년의 이반 일리치와 긴 이야기를 나눈 데이비드 케일리가 책에 썼듯이 대담은 춤과 같다. 서로의 목소리를 듣고 화음을 맞추는 노래가 대화라면, 대담은 더 복합적이어서 전체적인 움직임을 보면서 리듬과 호흡까지 생각해야 한다.

나는 이반 일리치의 책을 즐겨 읽는다. 어떤 분야든 늘 독자가 이해할 수 있도록 명료하고 쉽게 말하기 때문이다. 그는 학자이자 종교인으로 살았지만, 무엇보다 대중과 대화하고 대담하며 삶의 본질을 성찰한 드문 사상가였다. 그러면서도 학계나 주류 지성계의 평가에는 크게 연연하지 않았다.

요즘처럼 말과 대화가 흔한 시대가 또 있었을까? 소통 부재의 시대라고는 하지만 사방에 말은 차고 넘친다. 말 같지 않은 말도 많고 들으나 마나 한 말도 널렸다. 거기에 일일이 반응하느라 입과 귀가 피곤할 때면 나는 대담집이나 희곡을 읽으며 말을 나누는 행위의 소중함을 느낀다. 춤추듯 어우러진 대화를 만나면 기분이 상쾌하다. 이런 대화는 그야말로 예술이라 부를 만하다.

33번째 대화

우리는 자기가 모르는 것에 대해서는
거짓말을 하지 않는다.

장 폴 사르트르, 『존재와 무』
(정소성 옮김, 동서문화사, 2009)

소설이든 영화든 사기는 언제나 거짓말, 그러니까 대화를 통해 이뤄진다. 순간적으로 지능적인 거짓말을 하는 게 실력이다.

퍼트리샤 하이스미스의 소설 『재능 있는 리플리』의 주인공 톰 리플리는 고도의 전략으로 상대를 속이고 또 죽이기까지 한다. 현실 세계에선 별 볼 일 없이 살지만 머리만큼은 상당히 비상한 인물이다. 미남 배우 알랭 들롱이 출연한, 이 소설 기반의 영화 『태양은 가득히』에서는 마지막에 리플리가 경찰에 덜미를 잡히지만 소설은 다르다. 그는 경찰마저 속이고 범죄 혐의에서 벗어난다.

내가 일하는 헌책방에 '자칭 단골'이라 뻔뻔하게 말하는 M이라는 손님이 있는데 이 사람도 사기꾼 기질이 농후하여 늘 얼마간 거리를 두고 상대한다. 그는 몇 해 전 어떤 손님이 절판된 책을 찾아 달라며 거금 50만 원을 선금으로 내놓자 내게 거짓으로 책 찾기 게임을 제안해 돈을 가로채려 했었다. 물론 그가 리플리만큼은 똑똑하지 않았기에 결국엔 거짓말이 드러나고 말았지만, 어쨌든 선금을 내놓은 손님과 나를 동시에 속일 정도로 탁월한 언변과 그에 상응하는 책 지식을 가졌다는 건 인정할 수밖에 없다.

사기꾼이 대체로 똑똑한 편이기도 하지만 반대로 똑똑한 사람이면 사기를 치고 싶은 유혹이 많이 들 것도 같다. 내가 상대보다 아는 게 많다는 믿음이 있을 때 그 믿음으로 이득을 보려고 하면 사기가 되고 그런 마음을 잘 참고 다스리면 겸손이 된다. 모르는 걸 괜히 아는 척해서 곤란한 일을 겪을 때가 좀 많은가? 무언가를 정말로 알고 있다면 상대방은 굳이 내가 안다고 말하지 않아도 내가 안다는 사실을 안다. 그러니 대화할 때 겸손은 미덕이 아닌 삶의 지혜라고 하겠다.

거짓말을 안 하는 사람이 있을까?
있다면 그 사람은 영원히
패배자일 것이다.

다자이 오사무, 「여학생」, 『시티 픽션: 도쿄』

(신현선 옮김, 창비, 2023)

거짓말은 때로 대화의 양념처럼 존재하는 것이라 무조건 나쁘다 하기는 어렵다. 상황에 따라 적절한 양념을 사용해야 음식 맛도 산다. 물론 아무리 좋은 양념이라고 해도 정도를 지켜야겠지만.

거짓말은 그 결과와 목표에 따라 선의의 거짓말과 악의의 거짓말로 나뉜다. 그런데 만약 좋은 뜻을 가지고 거짓말을 했는데 상대에겐 나쁜 결과가 되고 나에게는 좋게 작용한다면 그것은 선의의 거짓말인가, 악의의 거짓말인가? 반대로 의도치 않게 상대에게만 좋고 나에게는 나쁜 결과가 되었다면?

이렇게 복잡한 거짓말 분류 작업은 상대가 있을 때보다 자기 자신과의 대화일 때 한층 더 기묘한 양상으로 흐른다. 스스로에게 거짓말을 하여 심리적 안정을 도모하는 것을 흔히 '자기기만'이라 부른다. 사실을 부풀려 자신을 속이는 것은 '허세'다. 진실 앞에서 침묵하는 것 역시 자기에게 거짓말을 하는 행위다. 소설이나 영화의 주인공처럼 망상에 젖어 사는 것도 크게 보면 그렇다.

다자이 오사무가 쓴 소설 속 주인공들은 대개 거짓말을 하며 즐거워하거나 혹은 거짓말을 한 것 때문에 고통 받는다. 어쩌면 다자이의 시대, 즉 제2차 세계대전에서 일본이 패망했던 그 시대엔 거짓말이라도 해야 했을지도 모른다. 세상이 온통 거짓말 같으니 말이다. 그래서 이 심약한 작가는 거짓말을 안 하는 사람을 오히려 패배자라고 부른다. 그렇다면 나는 거짓말을 하지 않는 패배자가 되겠다. 패배가 곧 지는 것을 의미하는 것은 아니니까.

이기려고 거짓말하는 사람이 있는 한편으로 알면서도 속아주는 사람이 있다. 후자가 마지막에 가서 종종 이긴다는 것도 우리 삶의 아이러니다.

35번째 대화

사람들 사이의 대화에서 완벽한
진실이 밝혀지는 일이란 거의 없고,
극히 드물다.

제인 오스틴, 『엠마』
(이미애 옮김, 열린책들, 2011)

내가 아는 가장 독보적인 캐릭터는 자칭 우리 가게 단골이라 떠들고 다니는 M이다. 단골이라니! 그는 물론 책방에 자주 오긴 하지만 책을 사는 일은 거의 없다. M은 단골이라기보다 그냥 주변에 친구가 없어서 나와 농담 따먹기나 하려고 오는 듯싶다.

그의 특징은 두 가지로 요약할 수 있다. 첫째는 심각한 거짓말쟁이라는 것이고, 두 번째는 다른 누구와도 비교 불가한 책 마니아라는 것. 나는 책에 대해 모르는 게 있으면 M이 오길 기다렸다가 물어보곤 한다. 그는 마치 AI처럼 즉시 답을 내놓는다. 그런데 책 얘기 빼곤 허언증이다 싶을 만큼 모든 게 거짓말뿐이다. 평범한 사람이라면 이런 중증 괴짜와는 별로 말을 섞고 싶지 않을 게 분명하다.

한번은 자기가 부모도 없이 고아로 자랐다며 내게 그 심정을 아느냐고 묻기도 했는데, 이것도 역시 거짓말이었다. M은 그럴 때마다 "재밌잖아요? 몰래카메라 같은 거예요." 하면서 키득거린다. 퍽이나!

그런 그가 백에 한 번 꼴로 내 흥미를 끄는 말을 할 때가 있다. 얼마 전에는 대뜸 "어차피 다들 거짓말하면서 살잖아요? 소설 같은 거예요. 사실이 밝혀지는 일은 거의 없으니까." 그러면서 이번에도 농담이라는 듯 피식 웃어 보였다.

어쩐지 나는 그 말이 삶에 흩뿌려진 작은 진실 조각 같아서 뜨끔했다. 대화란 결국 마음속의 거짓을 숨기기 위해 상대가 알아차리지 못할 만큼 진실을 살짝 섞는 것에 지나지 않을지도 모른다.

36번째 대화

"세상에는 고백하기가 너무나
어려운 것들이 있지요."
"그러나 누구에게 고백하느냐에 따라
다르지 않겠어요?"

장 자끄 상뻬, 『자전거를 못 타는 아이: 라울 따뷔랭』

(최영선 옮김, 열린책들, 2002)

다니던 회사를 그만두고 무엇이든 책과 관련된 일을 해야겠다고 마음 먹었던 20년 전, 내게 명확한 계획이 서 있던 건 아니었다. 그래서 일단은 마음이 이끄는 일을 찾아 여기저기를 기웃거렸다.

기웃댄 일 중에는 악기 제작도 있었다. 어릴 때부터 기타나 바이올린, 첼로 같은 현악기를 좋아했던 터라, 세계적으로도 이름난 'U 공방'이 서울에 있다는 걸 알고 몇 번 찾아가 이야기를 나눴다. 클래식 기타 제작 장인 U는 대화하는 내내 겸손하고 말하는 쯤쯤이가 따뜻해서 신뢰가 갔다.

나는 내심 악기 장인의 시범 연주를 기대했지만 그는 끝내 연주를 하지 않았다. 알고 보니 그는 연주를 잘 못하고 기타를 만들 줄만 안다는 거였다. 나는 상당한 충격에 빠졌다. 훌륭한 기타를 만들려면 당연히 연주도 수준급이어야 하지 않나?

이 오해는 얼마 가지 않아 풀렸다. 그는 연주를 못 한다기보다 안 하는 쪽에 가까웠다. 연주 실력이 뛰어나면 자연히 자신의 연주 감각에 맞춰 악기를 제작한다는 게 U가 내게 들려준 이야기다. 그는 각각의 연주자를 면밀히 관찰하고 그에 맞춰 악기를 만드는 게 옳다고 말했다.

대화를 마치고 나오는 길에 악기 제작은 내 일이 아니라는 걸 깨달았다. 나는 여전히 내가 기준이고 나를 버리지 못했다. 이런 상태라면 악기는 고사하고 책 다루는 일을 하더라도 책을 나에게 맞추는 것밖에 하지 못할 것이다.

나에게 책이 오게 하지 않고, 내가 책을 압도하지 않고, 오히려 책을 향해 한 걸음 다가가는 일, 그게 책 다루는 일의 시작일 터였다.

37번째 대화

어떤 대화는 말을 필요로 하지 않는다.

안희연, 『줍는 순간』

(난다, 2025)

말이 필요 없어지는 순간, 대화는 비로소 말 너머의 이야기를 만들어 내기 시작한다.

내겐 친구라고 할 만한 사람이 별로 없는데 때때로 만나는 이 가운데 전 편집자 Y가 있다. 그는 몇 년 전까지 출판사 편집자로 일하다가 그만둔 뒤로 다른 일을 한다. 딱히 후회는 없는 모양이다.

지금껏 나는 아무에게도 내가 쓴 글을 보여 주거나 읽어 준 일이 없다. 가족에게도 마찬가지다. 그런데 Y에게는 쓰고 있는 책과 글에 관해 가끔 이야기한다. 이 책보다 몇 년 먼저 나온 『서점의 말들』 초고도 일부 보여 주었다.

글을 객관적으로 보고 분석하는 탁월한 재능이 있는 그와 대화하는 일은 즐겁다. 이 대화는 일반적인 편집자-작가의 소통이 아니다. 그는 내 편집자가 아니니 실질적인 조언이나 방향 제시 따위를 해 주지는 않는다.

우리는 주로 가볍게 식사를 마친 뒤 자리를 옮겨 서로의 소소한 근황을 얘기한다. 자리를 옮긴 카페에서 동아리 활동에 열중하는 사람들을 보곤 하는데, 우린 그들 틈에 섞여 책과 글쓰기에 관해 잠시 언급하는 게 전부다. 그다음엔 말이 필요 없다. 아니, 필요한 건 말이 아니라는 걸 알게 된다. 그저 느껴지는 대로 물 흐르듯 움직이고 표현한다.

어쩌면 책 얘기니까 말이 필요 없는 것일지도 모르겠다. 애초에 말로 할 수 있다면 굳이 책을 쓸 필요도 없을 것이다.

책은 말이 필요 없어지는 순간에 태어난다.

38번째 대화

우리가 한 인간에게 정말 치명적인
말을 했다는 사실은 그 말을 하는
순간에는 모르지.

토마스 베른하르트, 『몰락하는 자』
(박인원 옮김, 문학동네, 2011)

말이라는 게 그렇다. 하는 순간에는 그게 실수인지도 모른다. 내가 말을 잘 안 하게 된 데는 성격 탓도 있지만 말실수를 겁내는 탓도 있다. 말도 많이 안 하는데 그 와중에 말실수라도 하면(혹은 했다는 기분이 들면) 여러 날 동안 끙끙 앓는다. 나중에 만나서 제대로 사과해야지 하고 마음은 굴뚝인데 정작 만나서 얘기할 생각을 하면 그것도 스트레스다.

아예 말을 안 하고 사는 게 속 편하겠다고, 작가니까 말하고 싶을 때는 이렇게 글로 쓰면 되는 것 아닌가 싶다가도 책을 읽는 일도 대화라는 생각이 퍼뜩 든다. 내가 쓴 글에, 어떤 문장이나 단어에 누군가는 상처받을지도 모른다. 상처받은 독자가 존재한대도 누군지도 모르니 '나중에 풀어야지' 같은 다짐도 못 한다.

하루키는 사람들이 커피 한 잔에도 이러쿵저러쿵 말이 많은데 소설은 오죽하겠냐며 가벼운 마음으로 작품을 쓰는 모양인데, 실제로 하루키의 소설을 읽어 보면 그리 가벼운 느낌은 들지 않아서 겸손의 말인가 싶다. 그의 책을 읽는 독자의 수를 생각해 보면 절대로 가벼운 마음이 들지 않을 것 같다.

세계적인 베스트셀러는 아니지만 나도 지하철을 타고 가다가 내 책을 읽었다는 어떤 사람을 우연히 만나 한참 동안 대화를 한 적이 있다. 놀랍게도 그는 내 책을 읽으며 내가 생각지도 못한 것들까지 느꼈다고 했다. 나는 그런 내용은 쓰지 않았다고 했더니 그는 철렁한 말을 했다. "작가가 쓰지 않아도 독자가 그렇게 읽었으면 쓴 거나 마찬가지지요." 나는 이름 모를 독자와의 대화를 끊을 수 없어서 그가 내리는 역까지 함께 가며 계속 이야기를 주고받았다. 내 목적지는 이미 대여섯 정거장이나 지나친 상태였다.

39번째 대화

그러나 사부님 말씀에 따르면,
서책이라는 것은 서책 자체의 내용도
다루고 있는 것이었다. 말하자면
서책끼리 대화를 주고받는다는 것을
나는 사부님 말씀을 듣고 나서야
깨달은 것이었다.

움베르토 에코, 『장미의 이름』
(이윤기 옮김, 열린책들, 2002)

모든 책은 혼자가 아니다. 책 읽기의 즐거움은 이 명제로부터 시작된다.

책이 하늘에 떠 있는 별처럼 느껴질 때가 있었다. 여기저기서 외따로 떨어져 홀로 빛나는 고전의 별빛! 그러나 하늘에 가만히 박혀 있는 것처럼 보이는 별도 저 혼자 존재하지는 않는다. 천체가 중력으로 서로를 끌어들인다면 책들끼리는 언어로 관계를 맺는다. 언뜻 아무런 관계가 없어 보이는 책들도 미약하게나마 서로 끌어당기거나 밀어내며 자신의 존재를 증명한다.

피에르 바야르는 『예상 표절』이라는 책을 통해 책들이 시대마저 뛰어넘어 서로에게 영향력을 행사하고 있음을 밝혀낸다. 과거의 책이 미래에 나타날 책을 미리 표절한다는 내용인데, 이를 이해하려면 정말로 우주적인 상상력이 필요할지도 모르겠다.

움베르토 에코의 『장미의 이름』은 보르헤스의 단편소설과 이어져 있고 보르헤스가 쓴 이야기는 『잃어버린 시간을 찾아서』에서 프루스트가 하려던 이야기와 보조를 맞춘다. 프루스트는 들뢰즈와 푸코 등 현대 철학서를 움직이고, 그 철학서들 안에는 카프카와 제발트의 작품이 성운처럼 흩뿌려져 있다.

여러 책의 영향력을 먼 곳에서 조망하면 아름다운 별빛 구름을 관찰할 수 있다. 인류가 만들어 낸 모든 책과 기억은 거대한 은하와 블랙홀과 또 다른 우주를 생성하며 끝없이 팽창한다.

책뿐만이 아니다. 세상 어떤 것도 홀로 존재하지 않는다. 당신과 나도 마찬가지다. 책은 우리가 나누는 대화의 일부이며 대화는 우주를 만드는 재료다.

40번째 대화

외롭게 사는 사람들은 마음속에 항상
몹시 하고 싶은 이야기를 담고 있기
마련이다.

안톤 체호프, 「사랑에 관하여」, 『상자 속의 사나이』
(박현섭 옮김, 문학동네, 2024)

손님이 들려주는 이야기를 바탕으로 절판된 책을 찾는 일은 즐겁다. 손님은 책과 만나서 좋고 나는 들은 이야기를 머릿속으로 그려 보는 기쁨을 만끽하고 정리해 책으로 써서 돈도 버니 서로 이롭다. 물론 사람들에게서 수집한 이야기가 모두 책에 쓸 수 있을 만큼 흥미로운 건 아니지만 내겐 돈 이상의 가치가 있으니 이야기 수집은 계속 이어질 것이다.

돈보다 더 큰 가치가 있다고 한 까닭은 이야기를 통해 삶의 다양한 모습을 알게 되기 때문이다. 소설을 읽거나 영화를 통해서도 비슷한 효과를 기대할 수 있지만 이것들은 모두 허구라는 점에서 실제 사람들이 들려주는 삶의 이야기와 다르다.

소설이나 영화처럼 개연성이 있는 게 아님에도 사람들은 오래된 기억을 사랑스럽게 추억한다. 기꺼이 잘 모르는 타인에게 들려주기도 한다. 그러한 사랑의 동력, 이야기의 동력은 무엇일까, 하고 생각한다. 어쩌면 마음속에 자리 잡은 외로움이 아니려나.

우리가 모든 기억을 추억이라 부르지는 않는다. 일상의 모든 일을 기억하는 사람도 없다. 사람은 외로움을 느낄 때 마음을 어루만지기 위해 기억을 이야기로 만들어 추억한다.

이야기로 만든 기억이 바로 책이다. 우리가 어느 시절에 읽은 책을 추억하는 이유는 책이 이야기라서다. 책 읽기를 삶의 순간순간에 삽입하고 책 읽기에 기입된 그때를 기억할 줄 아는 것은 중요한 삶의 기술이다.

삶은 외로움으로 인해 오히려 그 색채가 풍부해진다. 외로운 마음을 다채로운 이야기로 풀어내 추억할 수 있는 이야말로 진정 삶을 사랑하는 사람이다.

41번째 대화

비행기는 가을에 타는 게 제일 좋습니다.
이것도 의미를 잘 모르겠지만, 가을날
대화를 몰래 엿듣고 그대로 적어둔 것 같다.

다자이 오사무 외, 「아, 가을」, 『슬픈 인간』
(정수윤 옮김, 봄날의책, 2017)

내가 소설이나 에세이를 즐겨 읽는 이유는 작품성을 떠나 그 '이야기를 엿듣는' 느낌을 좋아하기 때문이다. 그래서 일단 읽기 시작한 책은 뻔한 내용이라고 해도 매번 끝까지 읽는다. 뭔가에 홀린 듯 작가가 들려주는 이야기에 계속 빠져든다.

대중교통을 타고 다닐 때에도 옆 사람이 하는 대화나 전화 통화에 슬쩍 귀를 기울이곤 한다. 그러다 흥미로운 이야기가 들리면 수첩에 적어 두기도 한다.

그렇다고 언어걸리는 이야기들이 즐거운 것만은 아니다. 우연히 들은 소리가 계속 머리에 맴돌아 괴로운 때도 있다. 이런 소리라는 걸 미리 알았다면 안 듣고 싶은데 그게 되나.

한번은 길 반대편에서 남자 두 명이 뭔가 재미있는 이야기를 주고받으며 걸어오는 모습을 보았다. 이윽고 그 둘이 나를 지나갈 때 길이 좁아 나를 사이에 두고 옆으로 갈라져야 했다.

이때도 둘은 대화를 멈추지 않다가, 한 사람이 "내일 점심은 돈가스다!" 하며 제법 큰 소리로 말했다. 상대도 "돈가스 좋지!"라며 호응했다. 이 돈가스 대화가 순간 내 양쪽 귀를 파고들며 마치 스테레오 음악처럼 울려 댔다. 이후로 세뇌라도 당한 듯 내 머릿속에서는 계속 돈가스라는 단어가 맴돌았다. 결국 다음 날 점심으로 돈가스를 택한 것은 뻔한 수순이었다. (혹시 돈가스 가게에서 개발한 고도의 길거리 홍보 테크닉은 아니겠지?)

다자이 오사무도 엿들은 이야기에 홀려 가을에 비행기를 탔을까?

42번째 대화

"진실을 말하고 싶어요. 그런데 완전한 진실이란 건 너무 어렵네요."

E. M. 포스터, 『전망 좋은 방』
(고정아 옮김, 열린책들, 2009)

어느 날 패스트푸드 음식점에서 들었던 흥미로운 대화 한 조각. 내 자리 건너편엔 남녀가 섞인 일군의 직장인이 햄버거와 탄산음료를 앞에 놓고 열심히 수다를 떨고 있었다. 그때 한 젊은 남자에게 전화가 걸려 왔다.

"진짜야. 그렇다니까. 정말이야. 진짜라니까 그러네. 응. 진짜로. 진짜야……."

그는 전화를 끊고 일행들에게 여자 친구가 자기 말을 통 믿어 주지 않는다며 한숨을 쉬었다. 그랬더니 반대편에 앉은 사람이 "평소에 거짓말을 얼마나 해 댔으면 그러겠냐?" 하며 키득거렸다. 다른 사람들도 왁자하게 웃어 댔다. 그때 나이가 좀 있는 듯한(그래 봐야 일행보다 두어 살 위일 것 같지만…… 아니면 노안이거나) 사람이 정색하며 말했다.

"어차피 완벽한 진실은 없는 거니까. 백 프로 거짓말도 없듯이."

오오! 그 멋진 말에 텔레비전 방청객처럼 탄성을 내지르고 싶을 지경이었다. 하지만 사람들은 아까보다 더 크게 웃었다. 그는 아마도 평소 아무 상황에서나 진지한 얘기를 불쑥 꺼내 웃기는 캐릭터였지 싶다.

사람들은 그 진지한 노안(아마도) 개그 캐릭터에게 핀잔을 주며 한참을 놀려 댔다. 웃지 않는 사람은 나뿐이었다. 나는 속으로 그에게 응원을 보내고 있었다. 어이, 이봐. 힘내라구. 우린 서로 모르는 사이지만, 당신하고 똑같은 사람이 여기 앉아 있어.

43번째 대화

사람들은 어느 때는 서로 맞부딪히다가도
때로는 함께 머물고 또 이따금은
헤어지지만 적어도 무슨 일이 일어나고
있는가에 대해 얘기해 보려고 애쓴다.

울리히 벡 외, 『사랑은 지독한 그러나 너무나 정상적인
혼란』(강수영 외 옮김, 새물결, 1999)

어느 날 지하철 환승 통로를 걷다 희한한 광경을 목격했다. 한적한 그 통로에서 어떤 젊은 남녀가 큰소리를 내며 싸우고 있는 게 아닌가.

아마도 여자 쪽에서 이별 통보를 한 모양이다. 남자가 "도대체 이유가 뭐냐고!"라며 목에 핏대를 세웠다. 여자도 질세라 얼굴을 쳐들면서 받아쳤다. "됐어! 됐으니까 그만 해!" 십여 분 정도 흘러가는 대화를 들어 봤지만 남자는 계속해서 이유가 뭐냐고, 여자는 됐다고 강조하는 게 전부였다.

두 사람은 직장인 같은 옷차림에 회사 출입증으로 보이는 카드도 목에 걸고 있었다. 혹시 사내 연애? 오전에 출근했다가 둘이 어디론가 외근이라도 나가는 중인가? 아니면 지금 텔레비전 리얼리티쇼라도 촬영하나? 역사가 쩌렁쩌렁 울릴 정도로 다투는 두 사람을 쳐다보는 이가 하나도 없잖나.

계속 지켜보는 것도 실례 같아서 잠시 후 열차를 타러 갔다. 그런데 재미있게도 열차 안에서 한 무리의 중년 남녀가 조금 전의 소동에 관해 이야기를 나누고 있었다. "남자가 몰래 바람이라도 피웠나?", "여자도 너무 매몰찬 거 아냐?", "저럴 땐 어디 조용한 데라도 가서 말로 푸는 게 좋지.", "맞아. 얘기하다 보면 별거 아닌 것도 많으니까." 그들은 각자 나름의 이론으로 싸움의 원인은 물론 해결책까지 내놓으며 일대 토론의 장을 펼쳤다.

무슨 일이 생기면 이유를 알고 싶은 게 다들 비슷한 심리인가 싶어 그들의 토론을 오래도록 경청했다. 싸우는 연인보다 이쪽의 대화가 훨씬 풍부했다. 하마터면 나도 한마디 끼어들 뻔했다.

44번째 대화

말은 행동의 어떤 특수한
계기契機이며, 행동을 떠나서는
이해될 수 없는 것이다.

장 폴 사르트르, 『문학이란 무엇인가』

(정명환 옮김, 민음사, 1998)

'야비'라는 단어를 사전에서 찾아보면 "성질이나 행동이 야하고 천하다"라고 풀이되어 있다. 한자로는 '野卑'인데, '卑'는 천박하다는 뜻이라 이해가 되는데 '野'가 어째서 야하다일까? '야野하다'라는 단어도 사전을 찾아보니 "이끗에만 밝아 진실하고 수수한 맛이 없다"라는 의미가 있었다. 즉 야비한 인간이라고 하면 진실하지 않고 말과 행동이 다른 사람, 그런 태도로 자기 잇속이나 챙기려고 드는 부류를 의미한다.

엔도 슈사쿠의 소설 『침묵』에 등장하는 기치지로라는 인물이야말로 야비한 인간의 전형이다. 기치지로는 가톨릭 신부들을 일본까지 안내하고 선교활동을 할 수 있게 마을에서 몰래 도와주어 신뢰를 얻지만, 나중에는 신부들을 관리에게 밀고하고 배교하는 등 배신하여 폐를 끼친다. 이런 기치지로를 마음으로 용서하는 로드리고 신부를 보면 답답해 울화통이 치밀어 오를 지경이다.

말은 본디 가볍다거나 무겁다고 할 만 한 것이 아니지만 그것이 행동으로 드러나면 비로소 눈에 보이는 실체가 되어 무게가 생긴다. 여기에서부터 말과 행동의 시소 놀이가 시작된다. 둘의 균형을 맞추기란 여간 어려운 게 아니다. 그러나 애초에 균형은 맞출 수 없는 거라며 되는 대로 말하고 행동하는 사람과 안 되는 걸 알면서도 어쨌든 맞춰 보려 애쓰는 이의 사는 모양은 완전히 다르다. 때로 양쪽의 무게가 어긋나 조금씩 흔들리더라도 자기만의 호흡으로 이 흔들림마저 즐기는 사람의 태도는 함께 있는 사람마저 좋은 기분으로 물들인다.

45번째 대화

사람의 목소리에는 생명의 지문이
찍혀 있다. 이 지문은 떨림의 방식으로
몸에서 몸으로 직접 건너오는데,
이 건너옴을 관능이라고 말해도
무방하다. 그러므로 내가 너의 목소리를
들을 때, 나는 너를 경험하는 것이다.

김훈, 『라면을 끓이며』
(문학동네, 2015)

고등학교 때 음악 선생님은 내게 성악을 배워 볼 생각이 없느냐고 물었다. 농담을 하시는 건 줄 알았는데 방과 후 음악실로 오라신다. 그 말에 살짝 우쭐하는 마음이 들었다.

선생님은 내게 「카로 미오 벤」Caro Mio Ben를 불러 보라며 악보를 내주셨다. 먼저 그가 노래했고 나는 그대로 따라 불렀다. 그렇게 일주일에 한두 번씩 대여섯 번 정도 음악실에 찾아가 노래를 배웠다.

결과적으로 나는 노래에 소질이 없는 것으로 판명됐다. 좋은 목소리는 가졌지만, 거기에 감정의 무게를 싣는 능력이 부족했다. 목소리와 감정은 눈에 보이지 않는데 어떻게 무게를 싣는다는 건지 의아했다.

그때 선생님은 자기가 노래를 부를 테니 공책에서 종이를 한 장 찢어 입에서 30센티미터 거리에 대 보라고 말했다. 나는 시키는 대로 했고 놀라운 모습을 목격했다. 노래 가사에 맞춰 종이가 마치 춤을 추듯 펄럭거리거나 파르르 떨리기도 하는 게 아닌가. 워낙 성량이 커서 그런 기예도 가능한가 싶었다. 하지만 그의 음성은 그리 크지도 않았다. 나도 똑같이 해 봤지만, 배에 힘을 잔뜩 주고 힘껏 소리를 내질렀는데도 종이는 꿈쩍도 하지 않았다.

"지금은 종이지만 무대에 올라가면 사람을 흔들리게 만들 수도 있는 거야."

그때는 선생님의 그 말을 이해하지 못했으나, 지금은 어렴풋하게나마 안다. 이 말은 노래가 아닌 평범한 대화에도 적용할 수 있다. 진심으로 감정을 실은 목소리는 손이나 입술로 드러난 가식적인 행동보다 상대에게 더 묵직한 울림을 전하기도 한다.

46번째 대화

"책이 배라면 말은 그 배의 선원입니다."

에릭 오르세나, 『두 해 여름』
(이세욱 옮김, 열린책들, 2017)

책 읽기를 통해 말하고 쓰는 능력도 길러진다는 데 이견을 제시할 사람은 많지 않을 것이다. 그러나 책 읽기로 기른 대화 실력에도 하수, 중수, 고수, 초고수 레벨이 있으므로 훈련을 게을리하지 말자.

우선 하수는 책을 대충 읽은 사람인데 그들은 책에서 읽은 걸 마치 자기 머리로 터득한 지식인 양 뽐내기에 바쁘다. 중수는 말하고 나서 근거를 제시한다. 그러니 중수와의 대화는 매끄럽지만, 한편으론 지루한 면도 있다. 자칫 잘난 척하는 사람처럼 보이기도 한다. 고수는 책에 올라탄 일급 항해사처럼 대화할 때 상대의 호흡과 리듬에 편안하게 올라탄다. 이런 사람과의 대화는 늘 즐겁다.

초고수 정도 되면 책과 물아일체의 경지를 이뤄 그와의 대화는 배보다는 잠수함급이 된다. 잠망경을 통해 상대를 보고 있기에 본인은 대화를 즐기지만 상대가 '급'을 맞추지 못하면 대화는 엇박자가 나기 마련이다. 초고수는 언뜻 헛소리만 하는 것처럼 보일 수도 있다. 주변에서 자주 헛소리하는 사람이 있다면 초고수 레벨일지도 모르니까 일단 한번 지켜보자.

당연한 얘기지만 초고수는 극히 일부이고, 실제론 하수일 경우가 훨씬 더 많다. 그런 헛소리라면 따끔하게 한 소리 해 주는 게 본인에게도 이득이다.

마지막 단계도 있다. 하이퍼 초고수 레벨인데 이 경지에 다다르면 천재와 바보의 아슬아슬한 경계라고 할 수 있다. 대개 이런 사람은 정치인이나 개그맨 중에 많다. 문제는 그들이 자주 반대로 직업을 선택한다는 데 있다.

47번째 대화

"무엇이 아저씨를 행복하게 해 줄 수 있을지 모르겠더라구요. 무엇이 아저씨를 불행하게 만드는지를 몰라서요."

카르스텐 헨, 『책 산책가』
(이나영 옮김, 그러나, 2023)

소설에서 배운 것이 있다. 듣기 좋은 말만 오가는 대화는 결코 건강한 대화가 아니라는 것이다. 심지어 재밌지도 않다. 오래도록 이걸 몰랐다.

훌륭한 대화는 상대가 듣고 싶은 말을 하기보다 오히려 불안해하고 드러내기 싫어서 조심하는 부분을 찾아내 풀어 주는 대화이다. 드러내고 싶어 하는 건 이쪽에서 건드리지 않아도 드러나기 마련이지만 상대의 어두운 구석은 잘 살피지 않으면 좀처럼 보이지 않는다. 드러나는 말에 맞장구를 치면 서로 기분이야 좋겠지만 그뿐이다.

대화는 '살피는 것'이 우선이다. 사람은 누구나 크고 작은 그늘을 가지고 사는데 그걸 대놓고 보여 주는 일은 흔치 않으니 말이다. 그러니 좋은 얘기만 하느라 귀한 대화 기회를 써 버리기보다는 가만히 상대의 그늘을 살피고, 내 그늘을 살피는 상대를 똑바로 마주하며 더 깊고 넓은 대화의 바다로 나아가야 한다. 아픔을 발견하고 공감하면서, 어둠과 불행 건너 '치유'의 바다로, 우리의 대화는 흐를 수 있다.

제임스 조이스의 『더블린 사람들』에 실린 단편 「작은 구름」에서 주인공 챈들러는 곤경에 처했을 때마다 멋진 친구 이그네이셔스 갤러허와 나눈 대화를 떠올린다. 갤러허는 해결책을 찾아주기보다 "이봐, 지금은 휴식 시간이잖아. 생각 좀 해 볼까?"라며 챈들러를 다독인다. 챈들러의 초대를 정중히 거절하면서는 이렇게 말한다. "즐거움이 미루어진 것뿐이지." 늘 거절만 당하는 생활에 익숙한 챈들러지만 딱 잘라 '안 된다'는 것보다 '즐거움을 미루자'는 말에는 자연스레 마음이 수그러들 수밖에 없었을 것이다.

48번째 대화

"내가 당신을 언제부터 사랑하기
시작했는지 아세요? 우리들이 첫
대화를 나눈 날, 바로 내 생일이었어요."

니콜라이 체르니솁스키, 『무엇을 할 것인가』

(서정록 옮김, 열린책들, 2009)

몸은 스스로 움직일 수 없다. 근육과 뼈로 이루어진 우리의 몸은 뇌의 명령을 받아 작동한다. 그러면 뇌는 어떻게 몸에게 신호를 보내는가?

현대의 과학자들은 뇌의 작동 원리를 마음과 관련지어 생각하기 시작했다. 마음은 아직 과학적으로 완전히 규명되지는 않았지만, 뇌과학 연구의 진척으로 감정이나 의사결정 같은 정신 작용과 뇌의 관계가 점점 더 구체적으로 밝혀지고 있다.

'몸이 마음대로 움직인다'는 말도 있듯이 정말로 뇌 이전에 마음이 먼저 어떤 작용을 일으키는 게 아닐까? 아니면 뇌의 작용으로 마음이라는 뭉게구름이 피어오르는 것일까? 언젠가 뇌와 마음의 상관관계가 과학적으로 정확히 밝혀진다면 우리에게 어떤 느낌으로 다가올지 궁금하다. 어쩐지 좀 허무할 듯도 싶고.

체르니솁스키의 소설이 말하듯 마음은 대화를 통해 움직인다. 생일이었다는 점만 빼면 그 대화는 별것도 아니었다. 하지만 작가는 이 대화를 사랑이 시작되는 출발선으로 삼았다. 독자는 대화가 마음과 뇌를 움직이고 그것들이 상호작용하여 두 사람의 몸이 서로에게 다가가 이윽고 사랑으로 발전한다는, 지지부진한 중간 과정을 몰라도 이야기에 충분히 공감한다.

사랑을 시작하게 만드는 대화의 메커니즘은 태평양 해저의 비밀스러운 협곡만큼이나 오랜 미스터리다. 앞으로도 영원히 미스터리로 남으면 좋겠다. 세상엔 밝혀지지 않아서 아름다운 것도 있다. 사랑은 모르고 있을 때 가장 아름답다.

49번째 대화

대화가 건강이요, 대화가 행복이요,
대화가, 하고 그는 웅얼거렸다.

버지니아 울프, 『댈러웨이 부인』
(최애리 옮김, 열린책들, 2009)

책을 읽을 때 대화 장면을 잘 살피면 작가별로, 또는 나라별로 흥미로운 공통점이 있음을 발견하곤 한다.

예를 들어 연인이 감정싸움을 하는 장면이라면, 한국문학 속 대화는 퍽 현실적으로 전개된다. "어제 왜 전화 안 했어? 또 술 처먹었니?" 하는 식이다. 영국과 일본의 작가들은 멋진 말을 좋아한다. 이런 식이다. "네 목소리가 전파를 타고 들리는 건 참을 수 없어. 직접 듣고 싶거든." 프랑스는 추상적이다. 이들은 생각이 너무 많다. 온종일 추억에 잠겨 있느라 전화를 안 하거나 못 받는 경우가 다반사다. 그러다가 만나면 느닷없이 뒤엉켜 섹스하기 시작한다.

스페인어권 문학은 어떤고 하니, 말이 너무 많다. 인물들은 말을 쏟아내고 싶어서 입이 근질근질하다. "지난번에 세바스티안 만난 거 알지? 걔가 티아고네 집에 갔는데 마티아고가 루시아나하고 같이 있는 걸 봤다는 거야. 둘이 글쎄 이런 얘기를 하고 있더라고……." 도무지 누가 누구에게 무슨 얘기를 왜 하는지도 모를 만큼 정신이 없다.

러시아 문학에서는 연인 간에 마치 싸우듯 감정이 거칠어지는 게 기본이다. 그러다 대화는 어느덧 정치나 세계 평화, 만민의 자유 따위에 관한 다섯 쪽에 걸친 긴 토론으로 이어진다.

대화는 소설의 핵심이자 삶의 핵심이다. 실제 우리의 인간관계 대부분이 대화로 이루어져 있으니, 작가마다 나라마다 그 삶과 특성이 반영되는 것은 어찌 보면 당연하다 할 것이다.

비유하지 마, 하고 나는 나에게 말한다.
비유하지 말고 설명도 하지 말고
성찰하려 들지도 마. 아무것도 누설하지
않으면서 자신을 저절로 드러내 보이는
것들, 언어 자체가 불러일으키는 현상성,
오직 그것들에만 집중해.

배수아, 『작별들 순간들』
(문학동네, 2023)

구성원들끼리 순번을 정해 돌아가며 함께 읽고 싶은 책을 정하는 독서 모임에서 내가 제안한 책 『작별들 순간들』 때문에 곤란했던 적이 있다. 사람들 대다수가 이 책 내용이 도대체 뭘 의미하는지 모르겠다며 불평했던 것이다.

느닷없이 배수아의 변호사가 되어 이 분란을 해결해야 할 의무가 생긴 나는 이 책 전체를 '대화'로 바라보며 다시 읽으면 어떻겠느냐고 제안했다. 누구와의 대화인가 하면, 바로 배수아 작가 자신과의 대화로서 말이다.

그러면서 내가 근거로 제시한 문장이 바로 이것이다. "언어 자체가 불러일으키는 현상성." 우리도 바로 거기에 집중하여 이 '대화'를 읽어 볼 수 있지 않을까? 언어는 울림이 있기 마련이며 울려 나오는 것은 어떤 식으로든 현상을 만든다. 현상으로서의 대화는 말과 언어로만 이루어져 실체가 없기에 상대방에게 전해지기 전에 먼저 말하는 사람, 즉 작가에게로 먼저 되돌아온다. 작가는 자신에게 되돌아온 현상들을 결코 허투루 다루지 않는다. 그가 정말 작가라면 말이다.

작가는 자신에게 온 모든 것을, 아무리 하찮은 것이라도 운명처럼 받아들인다. 되돌아온 말은 쌓이기를 반복하다가 어느 날 밖으로 흘러 나간다. 이렇게 흘러넘친 것들이 곧 작품이 된다. 이 작품은 때로 작가조차 의도하지 않은 여러 의미를 대화 상대인 독자에게 전한다.

이렇듯 자신과의 대화는 보이지 않는 것에서 출발해 손에 잡히고 넘겨 볼 수 있는 책으로 다시 태어난다. 어떤 책을 이해하려면 작가가 그 자신과 나눈 대화에 빠져드는 수밖에 달리 방법이 없다.

어떤 사람이 자신과 대화를 나누는
상대가 정신적으로 월등하다는 것을
깨닫고 느끼면 그는 은연중에 상대방도
마찬가지로 자신의 열등함과 편협함을
깨닫고 느낄 것이라고 추론한다.

아르투르 쇼펜하우어, 『쇼펜하우어의 행복론과 인생론』
(홍성광 옮김, 을유문화사, 2023)

도대체 쇼펜하우어의 명저의 번역본 제목을 도대체 누가 이런 식으로 지은 걸까? '행복론과 인생론'이라니. 명색이 쇼펜하우어인데 제목이 너무 자기계발서 내지는 흔한 힐링 에세이 같은 느낌이잖은가?

출판사의 책 소개 글에는 "독자의 이해를 돕기 위해 삶의 지혜를 위한 아포리즘을 '행복론'으로, 인생과 관련된 심오하고 유익한 글들을 '인생론'으로 칭하여 제시한다"라고 쓰여 있다. 하긴 요즘엔 니체든 스피노자든 가벼운 느낌으로 책이 많이 나오고 나름대로 인기도 있으니까 쇼펜하우어 책이라고 꼭 복잡하게만 접근할 필요는 없을 것이다.

르네상스 시대 이후 철학사에서 획기적인 전환점을 마련한 사람이 있다면 나는 단연 쇼펜하우어라고 생각한다. 비록 그는 동시대에 활동했던, 게다가 운명의 장난처럼 같은 대학의 교수로 만난 헤겔의 빛에 가려 인기는 없었지만(그래서인지 그는 책에서 종종 대놓고 헤겔을 욕한다) 의지와 표상이라는 개념을 통해 근대 형이상학에 결정적인 균열을 낸 대단한 사상가다.

그런데 헤겔과 쇼펜하우어는 같은 대학에서 일했으니 아무리 앙숙이라고 해도 오다가다 인사 정돈 나누지 않았을까? 철학자들은 무림 고수들처럼 짧은 인사 한마디만으로도 서로 사유의 깊이를 파악했을지도 모르는 일이다.

하지만 학문과 사유의 깊이를 떠나서 둘 다 상당히 속이 좁았기 때문에 서로 견제하고 경계했을 가능성이 크다는 것이 나의 미력한 판단이다.

52번째 대화

인간이란 대화 속에서 자신을 드러내고
개성을 과시할 수 있는 기회를
뿌리치지 못하는 존재라네.

애거서 크리스티, 『ABC 살인사건』
(김남주 옮김, 황금가지, 2013)

"언제부터 책을 즐기게 됐나요?" 작가들이 인터뷰 때 받는 빤한 질문 가운데 가장 잦은 것이다. '처음부터 별 이유 없이 책을 좋아하는 어린이였다'는 대답은 질문하는 사람 처지에서 별로 달갑지 않을 듯싶다. 인터뷰 기사에서 기대하는 건 작가가 책을 좋아하게 된 특별한 계기일 테니.

나도 어릴 때부터 무작정 책을 좋아한 건 맞다. 그러나 그때는 '글자'만 좋아했을 뿐, 책 '내용'을 즐기기 시작한 건 고등학생이 되고부터다. 지독히도 내성적이었던 어린 시절, 또래 친구들과 잘 어울리지 못한 나는 자연스럽게 책 속 등장인물들과 더 친하게 지냈다. 특히 대화 장면을 연극처럼 소리 내어 읽는 게 재밌었다.

초등학생 때 줄곧 추리소설에 빠져 살았던 것도 대화 장면 때문이었다. 탐정은 사건 목격자나 용의자와 이야기를 나누어야 하니 추리소설은 보통 대화문이 풍부하다. 말주변이 없어 늘 머뭇거렸던 나는 탐정들의 자신감 넘치는 말솜씨에 금세 빠져들었다.

다른 애들은 대부분 명탐정으로 셜록 홈스를 꼽았지만 나는 이름도 발음하기 어려운 에르퀼 푸아로를 최고로 쳤다. 그의 무기는 상대가 먼저 말하도록 이끄는 마술 같은 대화술이었다. 범죄 사실을 숨기고 싶은 용의자를 꼭 말로써 추격하는 듯한 심리전에 휘말린 채, 나는 책과 대화라는 세계로 빨려 들어갔다.

사람은 누구나 말을 하면서 자연스럽게 자기를 드러낸다. 나를 드러내는 것, 그러면서 상대가 드러남을 아는 것이야말로 대화에 참여하고 그 즐거움을 만끽하는 출발점일 것이다.

예술적인 대화문은 열심히 노력하면서
한편으로는 즐기는 창의적인
상상력에서 나오는 것이다.

스티븐 킹, 『유혹하는 글쓰기』
(김진준 옮김, 김영사, 2017)

소설책을 빨리 읽기 위해 종종 대화문만 집중해서 보곤 한다. 다른 문장을 아예 안 보는 건 아니고, 대화문을 특별히 주의 깊게 읽고 다른 부분은 빠르게 휙휙 지나가듯 본다.

소설에는 등장인물이 있으니 당연히 대화문이 나올 거라 생각하면 오산이다. 사실 소설엔 대화문이 없어도 된다. 그러면 작가는 왜 인물들끼리 대화를 하게 만들까? 스티븐 킹의 말을 빌리자면, 작가는 대화문을 통해 독자에게 바로 여기가 중요한 장면이라고 힌트를 주는 것이다.

예를 들어 소음에 병적으로 예민한 어떤 인물 때문에 무언가 사건이 일어난다면, 작가는 그의 특성을 구체적으로 설명하기보다는 짧은 대화문으로 처리한다.

"이봐, 그 틱틱거리는 소리 말이야. 그, 그거 좀 어떻게 못해?"

독자는 소설 속에서 이런 대화문을 만나면 로봇처럼 무미건조하게 읽지 않고 의식 속에서 연기를 한다. 상상력이 뛰어난 사람일수록 긴 지문보다는 짧은 대화문을 통해서 정보가 효과적으로 각인된다. 스티븐 킹 같은 스릴러 작가들은 빼어난 대화문으로 독자들을 이끄는 작전을 쓴다. 이 작전을 잘 이해한다면 소설에서 대화 장면만 집중해서 읽어도 전체적인 내용과 분위기, 작가가 의도한 바를 쉽게 알아차릴 수 있다.

비단 소설뿐이겠는가. 우리의 일상생활은 소설보다 더 소설 같고, 하루에 우리가 나누는 대화의 양은 소설 속 인물들을 훌쩍 뛰어넘는다. 늘 흔하게 주고받는 대화 속에 우리네 일상, 우리네 삶을 이해할 실마리가 숨어 있다. 조금만 더 집중해 보자. 삶이 보내 주는 힌트이니.

54번째 대화

그 여름은 너무도 맑고 너무도
미끄럽게 도망쳐 갔기 때문에, 오늘의
나의 기억은 그 미끄러져 달아난
날들에게서 거의 아무것도 붙잡을
수가 없다. 유일한 사건들이라면
대화였고, 독서였다…….

앙드레 지드, 『좁은 문』
(이동렬 옮김, 을유문화사, 2009)

2015년에 『책이 좀 많습니다』라는 책을 썼다. 이 책은 잡지 『주간경향』에 짧게 연재했던 애서가들의 인터뷰를 재구성하여 엮은 것이다.

그때 인터뷰했던 사람들에게 흥미로운 공통점을 하나 발견할 수 있었다. 애서가들 거의 전부가, 책을 가장 많이 그리고 즐겁게 읽었던 때로 초등학교 고학년에서 중학생 시절을 꼽았다는 것이다.

나 역시 다르지 않다. 초등학교 저학년 때도 책 읽기를 좋아하긴 했지만 혼자서 서점이나 도서관에 다닐 수는 없었으니 아직 책의 바다로 제대로 나아가 보지는 못했다. 고등학생 시절은 대학 입시 때문에 공부에 관련된 책 말고는 읽은 게 별로 없다. 독서량이 많았던 건 대학 때여도 역시 기억에 가장 많이 남는 독서는 중학생 무렵에 이루어졌다.

중학생 때는 지금과 달리 사람들과 대화를 많이 했다. 당시엔 TV에서 온종일 방송이 나오지도 않았고 인터넷도 없던 때라 몸을 쓰거나 다른 사람과 얘기를 주고받는 것이 놀이였다.

아직도 그때 친구들과 나눈 책 얘기들이 생생하게 떠오른다. 우린 홈스와 푸아로 중에 누가 더 훌륭한 탐정인지 논쟁했고, 『어린 왕자』나 『나무를 심은 사람』 같은 어려운 책을 읽은 것으로 으스대기도 했다.

여름밤이면 우리의 대화는 종종 풀벌레 소리에 묻혔고 한 녀석이 꾸벅꾸벅 졸기 시작하면 책 얘기도 끝났다. 우리 사이로 여름밤의 옅은 보라색 바람이 지나갔다.

55번째 대화

대화는 늘 얘기하던 주제에 대해
똑같은 말로 시작된다.

알랭 로브그리예, 『질투』
(박이문 외 옮김, 민음사, 2003)

독서 모임을 하며 알게 된 이 중 아주 독특한 인물이 있다. 물론 모든 사람이 나름의 방식으로 다들 이상하지만, 이 사람은 특별히 특이하다.

그는 『삼국지』를 열 번, 아니 그의 말을 그대로 옮기자면 백 번 넘게 읽었다. 그것도 아주 다양한 판본으로 열심히 읽었단다. 오래된 판본인 '월탄 삼국지'는 당연히 읽었고 이문열과 황석영 삼국지 역시 여러 번 읽었다. 만화 삼국지는 물론이고 심지어 개그맨 전유성이 쓴 삼국지도 서너 번쯤 읽었다고 하니 진정한 삼국지 마니아라고 하겠다.

문제는 그의 행동이 삼국지에 완전히 갇혀 있다는 데 있다. 본인은 삼국지를 읽고 생각과 행동이 자유로워졌다고 늘상 말하지만 내가 보기엔, 아니 다른 사람이 느끼기에도 그는 삼국지라는 거대한 감방에 갇힌 상태다. 감방이 워낙 광활해서 갇혔다는 인식이 없을 뿐이다.

모임에 오는 사람들은 그가 "오늘은 밖에 바람이 많이 부는 걸요?" 하면 대강 무슨 말을 하려는지 짐작되어 걱정스러울 지경이다. 그는 제갈량이 풍향을 바꾸어 적벽대전을 승리로 이끌었다는 얘기를 꺼낼 게 분명하다.

자기가 아는 세계의 얘기만 하려는 이와의 대화는 편협해질 게 뻔하다. 내 안의 세계와 밖의 세계가 적절하게 조화를 이루어야 건강한 대화도 가능하다.

밖에도 세계가 있음을 무시하는 사람은 자기 세계가 중원처럼 넓어도 자유롭지 못하다.

케일리   준비한 질문은 모두 끝났습니다.
일리치   감사합니다.
케일리   혹시 말씀하실 것이 더 있으신지요?
일리치   저는 어느 누구도 제가 말한 것을 답으로 생각하지 않기를 바랍니다.

데이비드 케일리·이반 일리치, 『이반 일리치의 유언』
(이한 외 옮김, 이파르, 2010)

유명한 이들과 비할 바는 아니겠지만 나도 이런저런 매체와 인터뷰를 꽤 했다. 내가 하는 일이 특이해 이야깃거리가 있겠거니 싶어 인터뷰 요청을 해 오는 모양이지만 헌책방에선 기자들이 생각하는 것만큼 특이한 일이 자주 일어나지는 않는다. 기본적으로 지루한 육체노동 업무가 많은 일터다.

그래서 인터뷰를 하면 높은 확률로 헌책방에 오는 진상 손님에 관한 이야기 아니면 독서 방법이나 좋은 책 추천 쪽으로 대화가 자연스럽게 흘러간다. 이런 얘기를 질릴 정도로 자주 하는 데에도 익숙해져서 이제는 인터뷰 일정이 잡히면 진상 손님에 관한 일화가 적힌 수첩(정말로 이런 걸 쓰고 있다!)에서 적당한 화젯거리를 고른다. 추천 책도 몇 권 준비해 둔다.

나야 책방에서 일하며 책 쓰는 게 일상의 전부라 식견이 넓은 것도 아니어서 뭔가 대단한 말을 할 깜냥도 안 되니 인터뷰할 때는 대개 내 얘기만 한다. 그런데 때로는 정답을 요구하는 식으로 질문이 들어오기도 한다. 그러면 참 곤란하다. 인터뷰는 주고받는 대화의 리듬이 묘미인 건데 이런 식이면 흥이 뚝 끊긴다.

"책 잘 읽는 법칙 세 가지", "죽기 전에 꼭 읽어야 할 책 열 권", "카프카 『변신』이 주는 교훈"을 꼽아 달라 따위의 질문을 받으면 나는 필경사 바틀비처럼 아예 대답을 안 하는 편을 택한다. 때론 일리치가 인터뷰 마지막에 했던 멋진 말을 따라 해 보고 싶은 욕구도 생기지만, 저런 말은 알다시피 일리치이기 때문에 할 수 있는 말 아니겠는가.

인터뷰만이 아니라 평상시 대화에서도 정답을 바라거나 요구하는 건 좋지 않다.

못 들은 척 침묵하는 것조차
하나의 대답이다.

서동욱, 『생활의 사상』
(민음사, 2016)

8년 동안 지하에 있다 근처 건물 2층으로 헌책방을 이사한 직후의 일이다. 초여름이었지만 해가 지고 나서도 한동안은 더웠다. 적적한 분위기를 가르며 한 손님이 들어왔다. 그는 헌책방을 휙 둘러보더니 곧장 내게 와서는 물었다. "윤성근 작가님이신가요?"

나보다 열 살쯤 어려 보이는 그 남자는 자기도 작가가 되고 싶어서 요즘 글을 쓰는 중이라고 했다. 독서 에세이를 쓰고 싶은데, 그냥 가벼운 책이 아니라 누구나 독서를 통해 큰돈을 벌 수 있는 정신상태를 만들어 주는 획기적인 내용이라며 너스레를 떨었다. 나는 일단 그의 정신상태부터가 조금 걱정스러웠다.

여하튼 그의 말에 따르면, 내 책을 읽어 보니 형편없이 못 쓴 글이라 조언을 해 주고 싶었단다. 그는 어느 유명한 글쓰기 강사에게 몇 개월째 책 쓰기 강의를 듣고 있는데 아주 좋다며 내게도 그 강의를 들어 보라 권했다.

"작가님은 강의 들으신 적 없죠? 제가 작가님 책을 읽어 보니 배우지 않고 쓴 티가 많이 나더라고요."

대꾸를 하면 말싸움이 될 것 같아 나는 잠자코 듣고만 있었다. 하지만 지나고 나서 돌이켜 보니 침묵하는 게 나는 물론 그를 위해서도 좋은 선택은 아니었구나 싶다.

뭐라 말해 줘야 했을까. 우선 시원한 차를 한잔 내주어야 했을지도 모른다. 그는 자신의 무리한 열정을 좀 식힐 필요가 있어 보였다.

다음에 그가 또 온다면 침묵으로 동조하지는 않겠노라고 다짐했지만 십여 년이 흐른 지금까지 그를 다시 만나지 못했다.

58번째 대화

책을 읽는다는 것은 일종의 대화다.

모티머 J. 애들러, 『독서의 기술』

(민병덕 옮김, 범우사, 1993)

책 잘 읽는 법을 알려 달라며 헌책방으로 찾아오거나 이메일로 연락 해 오는 분들이 적지 않다. 책은 늘 읽는 것인데도, 답을 하자면 어째 입이 잘 떨어지지 않는다.

잘 읽는다는 건 책을 통해 무언가를 배우거나 지식을 쌓는 게 아니다. 어렵겠지만 우선은 이 강박에서 벗어나야 비로소 책을 잘 읽을 수 있다고 믿는다. 책은 우리가 배우려고 하지 않을 때 비로소 무언가를 가르쳐 준다.

곰곰이 생각해 보면 책을 잘 읽고 싶다는 욕망에는 작가라는 직업인을 높이 평가하는 심리도 어느 정도는 작용했으리라. 아무리 대단한 책을 썼다고 해도 다 같은 사람일 뿐이다.

모든 책은 작가가 쓰는 것이며 작가는 책을 통해 독자에게 말을 건다. 그러니까 책 읽기는 엄청나게 말 많은 사람과 오랫동안 나누는 대화이다. 작가의 말이 지루하면 듣고 있기 힘들고 재밌으면 즐겁다. 이게 기본이다.

만약 이 대화를 잘하고 싶다면 작가의 말을 듣고만 있지 말고 중간중간 자신의 얘기도 꺼내 놓는 게 좋다. 작가가 책에서 이상한 말을 하면 본문 여백에라도 딴죽을 걸어 보자. '이게 뭐냐?', '책 만든 나무가 아깝다.', '뭔 소린지 모르겠네.'라거나 '??' 하고 물음표라도 남겨 놓으면 나중에 그 책을 다시 읽을 때 도움이나 반성이 된다. 혹은 '진짜 명언이다!', '공감 백배'처럼 응원 메시지를 써 주면 더없이 좋고. 만약 이 메시지를 작가도 볼 수 있는 인터넷에 쓰실 거라면, 부디…… 악평보다는 응원의 문장으로 부탁드린다.

"너 헤겔의 『대논리학』 읽었어?"
"아, 그거 말이야. 옛날에 읽었는데
다 잊어버렸어. 하하하."라고 말하면
"사실 안 읽었어."라고 했을 때처럼
창피를 당하지 않습니다.

우치다 다쓰루, 『도서관에는 사람이 없는 편이 좋다』
(박동섭 옮김, 유유, 2024)

책 얘기는 언제나 즐거운 화제지만 등에서 식은땀이 흐를 만큼 긴장되기도 한다. 특히 상대가 화제로 꺼낸 책 제목이나 작가 이름이 완전히 생소할 때가 그렇다.

니콜라이 카잔차프스키라는 처음 듣는 작가에 관해 대화해야 한다면 여러분은 어떻게 이 위기를 대처할 것인가? "옛날에 읽었는데 다 잊어버렸지 뭐야." 하면서 어물쩍 넘어갈 수도 없는 상황이라면?

여러 대처 방법이 있겠지만 내 경험상 상대방을 칭찬하며 그 작가에 대해 스스로 말하기를 부추기는 게 가장 효과적이다. 당황하지 말고 상대가 말한 작가의 이름으로 출신 국가를 유추하여 비슷한 사람, 또는 작품을 들먹이면 이야기가 잘 풀린다.

"그런 작가도 읽으시나요? 대단하시네요. 역시 도스토옙스키와는 작품 성향이 많이 다르죠?" 이러면 십중팔구 저쪽에서 말문이 터진다.

"물론이죠. 도스토옙스키는 도박하다가 빈털터리 되어서 저녁에 술 먹고 쓴 소설에 불과하잖아요! 그에 비하면 카잔차프스키는……."

여기까지 됐으면 이제 그냥 얘기를 들으면서 중간중간 맞장구나 치면 만사 오케이다.

모름지기 대화는 말하기 3에 듣기 7 정도 비율일 때 가장 즐겁다. 대화가 잘 안 풀린다는 느낌이 들 때면 말하기를 잠시 멈추고 듣기의 비중을 높인다. 그러면 이야기가 잘 흐른다.

그건 그렇고 조금 전에 예를 든 니콜라이 카잔차프스키는 실존 인물이 아니라 방금 내가 지어냈다. 러시아 이름은 대충 지어내도 어쩐지 멋스럽지 않나?

안전하게 책 이야기를 하는 유일한
방법은 모호하게 말하는 것이다.

톰 라비, 『어느 책 중독자의 고백』
(김영선 옮김, 돌베개, 2011)

어디 책 얘기뿐이겠는가. 모호함은 모든 대화를 안전하게 보호해 준다. 지금 당신이 앉아 있는 자리가 국회 청문회장이 아니라면 말이다.

한데 모호함이란 실은 언제 바닥으로 곤두박질칠지 모르는 외줄타기처럼 위험한 비기이다. 비기를 아무 때나 남발해서는 안 되고, 자리와 상황을 봐 가며 꼭 필요한 때만 써먹는 게 인간관계 단절을 방지하는 길이다.

방법은 간단하다. 책 얘기가 나오면 무조건 상대 의견에 동의하면서 슬쩍 다른 책 얘기를 꺼내는 것이다. 이를테면 상대가 "『죄와 벌』은 확실히 종교에 관한 내용이지 않아요?"라고 물을 때 이렇게 대답하면 안전하다.

"그렇죠.『안나 카레니나』도 비슷하게 해석할 수 있고요."

주의할 점은, 예로 드는 책을 반드시 해당 분야의 고전에서 골라야 한다는 거다. 그래야 어떤 얘기든 대충 갖다 붙일 수 있다. 상대가『마의 산』에서 정신분석에 집착하는 크로코프스키 박사가 나오는 장면이 인상적이었다고 하면,『오만과 편견』도 정신분석학적인 의미로 해석할 여지가 있다고 응수할 수 있다.

고전에 대해 잘 모르더라도 어떤 분야든 고전은 다양한 방면에서 연구가 이뤄지고 있으니 모호한 대화에 안성맞춤이다.

하지만 이 방법을 너무 자주 쓰지는 않는 게 좋다. 자칫 주변에서 당신을 고전 전문가나 작가, 혹은 대학원생으로 오해할 여지가 있기 때문이다. 이는 곧 "당신은 지루한 인간이다"라는 꼬리표를 다는 셈이다. 내가 평소에 자주 듣는 말이기도 하니 증명은 확실하다.

61번째 대화

"우리는 대화를 공유하기를 원하지만
결코 그렇게 할 수 없게 만드는
기억의 짐을 안고 걸어다니죠."

조지 오웰, 『버마 시절』
(박경서 옮김, 열린책들, 2010)

알고 지내는 일본인이 몇 명 있다. 대부분은 책방 일꾼이거나 작가, 혹은 내 책의 독자지만 우연히 만나 친구가 된 경우도 더러 있다.

몇 해 전 나는 헌책방 거리인 진보초에서 매년 가을에 열리는 고서 축제를 둘러보기 위해 도쿄에 갔다. 일주일 내내 그곳에만 있을 작정으로 숙소를 산세이도 서점 근처로 잡았다.

매일 산세이도 서점에서 즐겁게 시간을 보냈다. 산세이도 서점은 층별로 도서 분야가 나뉘어 있어 각 층마다 분위기도 다르다. 나는 그날 처음으로 서점 2층의 조용한 카페를 이용해 보기로 했다.

거기서 우연히 한 일본인을 만났는데 처음부터 얘기가 너무 잘 통해서 신기할 정도였다. 우리는 이미 아는 것과 앞으로 알게 될지도 모를 여러 가지 것에 대해 몇 시간 동안 어색한 외국어로 열심히 이야기를 나눴다.

그러다 문득 일제 강점기에 관한 얘기가 나왔다. 둘 다 이 얘길 하려던 건 아니었고 다른 얘기를 하다가 단지 30초 정도 가볍게 그 말이 나왔을 뿐이었다. 당시엔 우리가 그런 말을 했는지조차 거의 의식하지 못했다.

우린 그날 헤어지면서 SNS로 연락하자고 약속했다. 서울로 돌아온 뒤 실제로 두어 번 정도 메시지를 주고받았지만 그 대화는 진보초 카페에서처럼 즐겁지 않고 다소 건조했다. 그도 마찬가지였는지 오가던 메시지는 곧 끊어졌다.

혹시라도 언젠가 그를 다시 만날 수 있다면 이 얘기를 다시 나눠 보고 싶다. 디지털 메시지가 아니라 다시 얼굴을 마주하고 앉아 이야기를 나눌 수 있다면, 우리는 단순한 대화 상대를 넘어 진짜 친구가 될 수도 있지 않을까.

두 사람은 수많은 이야기를 했지만
끝내 진실만은 얘기하지 않았다.

스콧 피츠제럴드, 「사람이 저지르는 잘못」,
『어느 작가의 오후』(서창렬 외 옮김, 인플루엔셜, 2023)

몇 해 전 강연 요청을 받아 창원까지 고속버스를 타고 간 일이 있었다. 버스가 휴게소에 들렀을 때 내 뒷자리에 두 남자가 앉은 것을 보았다. 나이는 나와 비슷하거나 몇 살 많아 보이는 두 남자가 휴게소에 다녀온 다음부터 창원에 도착할 무렵까지 나눈 이야기가 퍽 기이했다.

"죽은 사람에게 퓰리처상을 줬다는 거 알죠?"

"네. 존 케네디 툴. 원고가 출판되기 전에 자살했죠."

여기까진 나도 아는 내용이다. 그런데 먼저 이야기를 꺼낸 남자의 그다음 이야기가 놀라웠다. 출판사를 일일이 찾아다닌 어머니의 노력에 힘입어 『바보들의 연합』으로 사후 퓰리처상을 받은 존 케네디 툴이 실은 죽지 않았다는 거다.

대중의 이목을 끌려고 툴이 어머니와 모의해서 마치 자살한 것처럼 꾸몄다는 건데, 더 놀라운 건 그 자신이 바로 존 케네디 툴의 서명이 들어간 『바보들의 연합』 원고 사본을 입수했다는 것이다. 모르긴 몰라도 수천만 원 이상의 가치가 있다. 이걸 살 사람을 아직 찾지 못했다는 게 그의 고민이었다.

옆의 남자는 별일 아니라는 듯 자신에게 그 물건을 맡기라고 했다. "아는 회장님이 영미문학 수집가인데 당연히 관심이 있을 거야. 대신 수수료로 판매가의 30퍼센트를 선불로 줘."

진짜일까? 거짓말이라면 누가 누굴 속이려는 걸까. 한쪽만 거짓말을 하는 경우는 금방 거짓이 드러난다. 하지만 양쪽이 서로에게 똑같이 거짓말을 하면, 그리고 둘 다 그게 거짓말이란 걸 알면 그때부터 거짓말은 거짓이 아닌 게 된다. 이것이 사기꾼의 전형적인 수법 아닌가. 속이려는 한 사람을 가운데 두고 그를 둘러싼 모든 사람이 거짓말을 하면 오히려 거짓이란 걸 알아차리기 어렵다.

63번째 대화

마틸드는 멋진 말을 미리 생각해
두었다가 대화에 써먹는 것을 즐겼다.
하지만 허영심이 강하다 보니 그런
멋진 말을 떠올릴 때마다 먼저 자기
자신에게 도취하곤 했다.

스탕달, 『적과 흑』
(임미경 옮김, 열린책들, 2009)

내 메모 습관은 내가 적는 걸 좋아해서라기보다는 기억력이 짧아 어쩔 수 없이 생긴 면이 더 크다. 뭐든 기록해 두지 않으면 금방 잊는다.

뭔가를 잘 기억하지 못하는 이유는 잡다한 생각들이 너무 많아서인 듯하다. 머릿속이 꽉 찬 쓰레기통 같달까? 이런 이유로 용도별로 다른 수첩을 사용할 정도로 수첩 부자의 삶을 누리는 중이다. 간혹 내가 어떤 내용을 어느 수첩에 적었는지 잊기도 하지만, 걱정할 건 없다. 뭘 어디에 적었는지를 기록하는 수첩도 따로 있으니까.

내가 각별히 아끼는 것은 멋진 문장 출처를 기록해 두는 수첩이다. 대화가 부드럽게 흘러가도록 기름칠해 주는 데는 그만이다.

"루쉰이 그랬잖아요. 숲에는 원래 길이 없었지만, 여러 사람이 다니기 시작하면 오솔길이 만들어진다고요." 음, 상당히 멋있다.

대화할 때마다 수첩을 펴 놓을 수는 없는 노릇이니 보통은 써 둔 내용을 틈틈이 외운다. "밤과 책을 함께 주신 신의 아이러니"는 보르헤스, "산책의 절반은 온 길을 되돌아가는 것이다"는 소로, 하는 식으로 말이다.

외운 게 정작 대화할 때 기억나지 않기도 하지만, 진짜 곤욕은 따로 있다. 너무 몰입해서 외운 탓에 이런 문장이 방금 내 머릿속에서 저절로 떠오른 것처럼 믿어 버리는 것이다. 정말이지 곤욕을 넘어 굴욕이 아닌가.

일부러 허세를 부리고 싶은 마음은 없다. 그러니 앞으로 나와 대화할 때 내 입에서 조금이라도 멋진 말이 나오면 이렇게 꼭 물어봐 주시길. "그거, 출처가 어디예요?"

64번째 대화

내가 모르는 것을 까놓고
"모릅니다"라고 말할 수 있는 것만큼
편한 일도 없다. 그것만으로 수명이
오 년 반 정도 늘어날 것 같다.

무라카미 하루키, 「모릅니다, 알지 못합니다」,
『샐러드를 좋아하는 사자』(권남희 옮김, 비채, 2013)

모를 때 모른다고 말하면 맘이 편하다. 그러나 사회생활을 하다 보면 이게 또 말처럼 쉽지가 않다. 직업마다 상황마다 다르기도 하다. 소설가라면 머리를 긁적이며 "그런 건 잘 모르겠는데요……" 하며 얼버무릴 수도 있겠으나, 같은 작가라고 해도 유발 하라리 같은 학자가 TV 프로그램 패널로 나와 유럽 역사의 흐름을 묻는 사회자 질문에 "아아, 뭐 그런 걸 묻는다고 해도 저는 그냥 작가일 뿐이니까요……"라고 한다면, 그런 장면은 상상하는 것만으로도 오금이 저릿하다.

나는 작가가 되어 글을 쓰기 전에는 책과 전혀 상관없는 분야의 직장을 몇 년 동안 다녔다. 정해진 출퇴근 시간(대개는 출근 시간만 정해져 있고 퇴근 시간은 늘어지기 마련이지만)과 회의 때문에 수명이 깎이는 느낌이었다. 회의할 때 누가 뭘 물어보면 진짜로 모르는 것도 까놓고 모른다고 말할 수가 없으니 그야말로 곤욕이었다. 그때 줄어든 내 생명의 시간이 족히 오 년도 넘을 텐데, 작가가 된 뒤 다시 조금씩 늘려 가는 중이다. 체감상 지금까지 한 15분 정도 늘어난 것 같다.

회사를 그만두고도 한동안은 '모른다'는 말이 입 밖으로 잘 나오지 않아서 고생했다. 사람들과 이야기를 나눌 때, 모르는 건 모른다고 담담하게 말하는 이의 모습이 보기 좋다. 모르면 상대방의 이야기에 더 귀 기울이게 된다. 경청하는 쪽이 굳이 아는 것처럼 꾸며서 이야기하는 것보다 훨씬 편안하다.

초밥집 주인은 되도록 말이 없는
사람이 좋을 것 같다. 그리고 손님이
재료에 관해 물으면 성실하게
대답하는 사람, 이게 가장 우선이다.

무라카미 하루키, 『쿨하고 와일드한 백일몽』
(김난주 옮김, 문학동네, 2023)

하루키가 쓴 이 글을 읽고 조금 의아했다. 칼을 들고 생선을 쓱쓱 손질하는 사람이 말수가 적으면 좀 무섭지 않나?

예전에 도쿄 시내에서 조금 떨어진 타치가와立川라는 동네의 뒷골목에 위치한 초밥집에 간 적이 있는데 그 가게 주인이 정말로 딱 그런 이였다. 저녁 시간인데도 손님은 노인 한 명뿐이었다. 그도 아무 말 없이 먹는 데만 집중하고 있었다.

간단한 정식 세트 메뉴를 주문한 내게 음식을 내주면서도 주인은 말이 없었다. 도서관도 이보다는 활기차지 않을까? 그의 무뚝뚝함이 점점 내 숨통을 죄어 오는 듯해, 참다못해 먼저 말을 걸었다.

"이거, 무슨 생선이죠?"

그러자 구석에 있던 노인이 나를 보며 '자네 지금 무슨 짓을 한 건가!'라고 소리치듯 입을 떡 벌렸다. 그 이유는 곧 알 수 있었다. 내 질문에 주인은 가만히 칼을 내려놓더니 미소를 지었다.

"그건 고등어. 이맘때 먹으면 비린 맛도 덜하고 살이 단단하죠."

이 말을 시작으로 나는 장장 10분 넘게 고등어의 향과 맛, 조리 방법은 물론 산란기의 특성에 관한 강의를 들어야 했다. 다른 손님이 들어오고 나서야 그는 말을 멈췄다.

식사를 마치고 나가려는데 보조하던 남자 직원이 나를 따라 나오며 꾸벅 고개를 숙였다.

"좀 힘드셨죠? 저 사람 말버릇은 고칠 수가 없으니 되도록 질문은 안 하는 게 좋습니다."

하지만 초밥이 정말 맛있긴 했다. 특히 고등어. 난 그게 당연히 참치의 비싼 부위라고 생각해서 물었던 것인데 고등어였다니! 주인이 자부심을 가질 만도 하다.

한때 그는 손님의 질문에 열정적으로
대답했으나, 무엇보다도 40년
동안 매주, 매일, 열두 개의 똑같은
질문을 듣고 나니 지금처럼 공격적인
난파선이 되어버렸다.

숀 비텔, 『귀한 서점에 누추하신 분이』

(이지민 옮김, 책세상, 2022)

예전에 친구 소개로 신촌 근처의 록카페에 간 적이 있다. 손님이 음악 제목을 쪽지에 적어 주인에게 신청하면 그 곡을 틀어 주는 곳이었다. 여기까지는 그리 특별할 게 없었다.

우리는 종이에 신청곡을 한 곡씩 쓰기로 했다. 나는 록 음악에 대해선 별로 아는 게 없어서 너바나의 「스멜스 라이크 틴 스피릿」Smells Like Teen Spirit을 적었다. 그랬더니 친구가 내 어깨를 툭 치더니 한쪽 벽에 걸린 공지 문구를 턱으로 가리키며 의미심장한 미소를 지었다.

거기엔 신청 금지곡 목록이 쓰여 있었다. 너무 유명한 곡을 신청하면 카페에 음악이 계속 같은 것만 나오니까 되도록 덜 알려진 숨은 명곡을 추천해 달라며 주인장이 양해를 구하는 말이었다.

신청 금지곡 목록엔 방금 내가 쓴 곡 외에도 퀸의 모든 히트곡, 롤링스톤즈, 비틀스 등 알 만한 노래들이 여럿 보였다. 아무리 그렇다고 해도 너무한 거 아닌가 싶은 생각도 잠시, 내가 일하는 헌책방에도 이런 걸 붙여 놓으면 재밌겠다는 상상이 들었다.

주인장에게 그만 해 주었으면 싶은 질문 목록 말이다. 이를테면 "이거 해서 먹고살 수 있나요?", "여기서 제일 비싼 책은 뭔가요?", "책 내용하고 제목은 모르고 빨간색 표지인데 찾을 수 있나요?" 등등.

아직 나는 헌책방에서 일한 지 20년 정도밖에 안 되어서 이런 질문을 아직은 견딜 수 있는데 40년이라면 난파선보다 더한 뭔가가 될 수도 있다는 생각에 겁이 난다. 조만간 헌책방 질문 금지 목록을 진지하게 작성해 봐야겠다.

67번째 대화

"자네도 이 위에 좀 오래 있어 보면 차차 내가 하는 말을 이해하게 될 거야."
"나는 벌써 이 위에 사는 자네들에게 큰 흥미를 갖게 되었어. 흥미를 가지면 이해는 저절로 되는 법이지."

토마스 만, 『마의 산』
(홍성광 옮김, 을유문화사, 2008)

길 가다가 가장 만나기가 꺼려지는 부류가 누구인가 하면, 역시 도를 공부하는 사람들이 아닐까 싶다. 그러나 한편으로 생각해 보면 이들만큼 흥미로운 대화 상대도 드물다. 나이를 먹고 나서는 이런 식으로 허무맹랑한 대화를 나눌 수 있는 경험 자체가 거의 없기도 하니 나는 일정에 쫓기지 않는다면(대개는 안 쫓긴다) 이들과 짧게라도 대화를 나누는 편이다.

도인(편의상 이렇게 이름 붙이겠다)들은 어딘가에서 배우기 때문인지 대화의 패턴이 대부분 비슷하며 바라는 결과 역시 한 가지다. 조상으로부터 복을 받으려면 돈 내고 굿을 해야 한다는 것이다. 굿에 내놓는 금액이 많을수록 더 많은 복을 받는다.

이들과 많은 대화를 해 본 결과, 도인들의 진짜 목적은 굿을 하는 게 아니라 대화 그 자체 아닌가 싶기도 하다. 이쪽에서 무슨 말을 해도 마지막에 가서는 늘 같은 결론으로 몰아가는 대화 패턴은 신비롭기까지 하다. 반대를 위한 반대처럼 오로지 대화만이 목적인 대화 시스템.

어쩌면 이들은 불특정 다수와의 대화를 통해 이야기 소스를 수집하고 있을지도 모를 일이다. 나중에 그 데이터를 학습한 AI 모델을 소설가나 영화감독, 혹은 아방가르드 예술가 같은 이들에게 판매하려고 말이다. 그렇다면 꽤 한참 전부터 미래를 내다본 6차 산업 혁명식 사업 모델이다.

만약에 독서에 재미를 못 붙인 분들이라면 일부러라도 길거리 도인들을 찾아가 대화를 시도해 볼 가치가 있다. 이들과의 대화는 웬만한 히트 웹소설 이상으로 흥미진진하다.

하지만 흥미롭다고 해서 다 이해가 되는 건 아니다. 그 부분이 소설과 현실의 다른 지점이다.

68번째 대화

그것에 대한 말이 존재하지 않기
때문에 말로 할 수 없는, 완전히 다른
무엇이었어요.

W. G. 제발트, 『아우스터리츠』
(안미현 옮김, 을유문화사, 2009)

어떤 것에 대한 말이 존재하지 않기 때문에 말로 할 수 없는 것이 있다고? 아이러니하게도 이 문장을 쓴 제발트는 다름 아닌 독일 사람이다. 독일어에 존재할 수 없는 말이 있다니? 뭐든 없으면 억지로라도 만들어 내는 게 독일인이요, 독일어의 특성인 것을.

예전에 내게 독일어를 가르쳤던 선생은 독일인과의 대화가 즐거운 이유로 어떤 의미의 단어든 만들 수 있다는 점을 들었다. 그는 독일어로 만들 수 없는 단어는 세상에 존재하지 않는다고 단언했다.

그러면서 내게 재미있는 단어를 하나 알려줬다. 'Das Fremdschämen(프램트셰멘)'은 'fremd(낯설다)'와 'schämen(부끄러움)'을 합쳐서 만든 단어로, 직역하면 '대리 당황' 혹은 '대리 수치'쯤으로 표현할 수 있다. 이 감정을 딱 적절하게 표현해 주는 문장이 있다. '행동은 네가 했는데 왜 부끄러움은 내 몫인가.'

'das Backpfeifengesicht(바크파이펜게지히트)'라는 단어는 무려 세 단어를 합성한 것이다. 'back(뺨)', 'pfeifen(휘파람 불다)', 'gesicht(얼굴)'. 얼굴이 휘파람 부는 모양이 되도록 뺨을 때리고 싶게 만드는 상황, 혹은 그런 사람을 일컫는다. 쉽게 말해 '주먹을 부르는 얼굴' 정도랄까?

제발트라면 당연히 이보다 더 오묘한 단어도 많이 알고 있었을 텐데, 그럼에도 말할 수 없는 게 뭘까? 내 생각에 분명 그것은 '유머'다! 독일에 존재하지 않아서 말로 표현할 수조차 없는 것이라면 유머 외에 다른 것은 있을 수 없다.

"내 나이쯤 되면 사람들은 결국
진심으로 말하게 됩니다. 거짓말을
한다는 건 너무 피곤한 일이거든요."

알베르 카뮈, 『페스트』
(최윤주 옮김, 열린책들, 2014)

1년 동안 지면에 칼럼을 연재하기로 해, 그 계약 건으로 신문사 편집국을 방문한 일이 있다. 나는 담당자에게 오후 두 시에서 두 시 반 사이에 사무실로 가겠다고 전화로 약속했다.

만나자마자 기자는 약속 시간에 관한 얘기를 꺼냈다. 약속 시간을 "두 시에서 두 시 반 사이"라는 식으로 여유를 두고 잡는 경우는 처음이라 어색했다는 것이다.

하긴 나도 20대 때 회사 생활을 할 적에는 당연하게 정시에 약속을 잡곤 했다. 하지만 나이가 들다 보니(쉰이면 그리 많은 나이도 아니지만) 자꾸 깜빡하는 일이 잦아지고 약속 장소로 가는 길을 헤매기도 해서 30분 정도는 여유를 둔다.

내 말을 들은 젊은 기자가 고개를 끄덕이며 미처 생각 못 했는데 지혜로운 방법이라며 칭찬했다. 나는 전혀 그런 게 아니라며 손사래를 쳤다. 그저 나이가 들어서 판단 능력과 행동이 굼뜨게 된 것을 모면하는 방법이다. 인정하고 싶지 않지만 그게 사실이다.

이젠 복잡하게 생각하는 것도 조금씩 어렵게 느껴져서 글을 쓸 때도 되도록 돌려서 말하지 않는다. 말을 에둘러 표현하거나 화려한 수사로 문장을 꾸미는 일에는 확실히 젊은 감각이 필요하다.

헌책방 일과 작가로 생활하는 일 모두 속이거나 꼬지 않고 단순하게 할수록 결과가 좋은 일이라 다행이다. 언제까지 이 일을 계속할지 알 수는 없지만 아무쪼록 일상이 너무 피곤해지지 않는 선에서 나 자신의 몸과 마음을 우선 돌보며 살아가고 싶다. 요즘은 그것만이 하루하루의 계획이다.

70번째 대화

생각의 처음을 볼 수 있는 것은 오직
침묵 속에서다. 그러므로 찾고 질문하고
대답을 기다릴 때는 볼 수가 없다.

지두 크리슈나무르티, 『아는 것으로부터의 자유』
(정현종 옮김, 물병자리, 2002)

말하고 있을 때 우리는 침묵할 수 없다. 하지만 침묵 속엔 수많은 말이 뒤섞여 있다. 너의 말, 나의 말 그리고 누구의 목소리인지도 모를 말까지. 말들은 침묵 속에서 소란스럽게 대화한다.

침묵 속에 대화가 존재한다는 걸 알아차리고 스스로 거기에 참여할 때 비로소 자신만의 생각을 갖게 된다. 자기 안에서 끊임없이 떠드는 목소리와 침묵으로 대화하지 않으면 외부에서 들어오는 자극을 그대로 받아들일 수밖에 없다.

책에서 읽은 멋진 문장, 유명 강사나 종교인이 들려주는 달콤한 목소리는 밖에서 온 생각이다. 이 말들이 맘에 들면 우리는 그것을 원래부터 가지고 있던 생각인 것처럼 자신을 속인다. 오직 침묵 속에서 자기 자신과 마주할 때만 속임수 없이 생각의 처음을 볼 수 있다. 하지만 그 순간은 매우 혼란스럽고 부끄럽기에 우린 좀처럼 이 침묵의 대화를 견디지 못한다.

세상은 앎과 지식으로 넘쳐나고 주머니 속의 작은 스마트 기기는 마치 우주의 신비라도 알려줄 것처럼 사람들을 미혹한다. 누구라도 모르는 게 있다면 언제 어느 때라도 작은 기계에 질문하고 해답을 얻을 수 있다. 심지어 생각마저 기계에 물어본다. 그러면 인격까지 학습한 AI가 단 몇 초 만에 다정하게 생각의 근거와 결과를 정리해 알려준다.

사람들은 기계와의 대화를 통해 얻은 생각을 자기 생각으로 착각한다. 착각한 다음에는 곧 믿어 버린다. 그 믿음은 즉시 생각의 한 조각이 된다. 조각은 점점 늘어나 결국 그의 마음 전부를 지배하기에 이른다. 생각의 처음은 몇백 광년 밖으로 멀어져 희미하게 사그라진다.

그리고 더 이상 생각하지 않게 된다.

71번째 대화

나는 나의 삶이나 다른 모든 삶이
낮과 밤, 일과 휴식, 만남과 대화, 이따금
사건이라 불리는 기쁨과 불쾌함의
교체라는 걸 깨달았다.

이반 알렉세예비치 부닌, 『아르세니예프의 생애』
(이항재 옮김, 나남출판, 2008)

나는 내 삶을 너무 복잡하게 본다. 그리하여 자연스레 따라오는 것은 우울함이다.

마음이 무너질 듯 답답할 때 소설 속 이야기를 읽으며 상상의 나래를 펴는 것도 물론 도움이 된다. 그러나 가장 효과가 좋은 것은 손님들이 들려주는 실제 삶의 이야기이다. 도스토옙스키나 카프카도 저리 가라다.

한 손님은 자신이 꽤 오래 우울증에 빠져 있었고 여전히 병원에 다니는 중이라고 했는데 겉모습은 참으로 평온하고 유쾌해 보이기까지 했다. 하긴, 찰리 채플린도 우울증을 앓았다고 하지 않던가. 누구든 겉만 보고는 알 수 없다.

증상이 심했을 때 그 손님은 온종일 삶의 길을 딱 두 가지로만 보았다. "삶은 사는 것 혹은 죽는 것 둘 중 하나 아니겠어요?" 엄밀히 따지면 틀린 말은 아니다. 하지만 그 생각에만 골몰하니 생활이 무너질 수밖에 없다.

오랜만에, 그에게 내 얘길 했다. 내겐 반대로 삶을 너무 복잡하게 만드는 문제가 있노라고. 우린 기차에서 처음 만나 같은 목적지를 향해 가는 여행자처럼 이야기를 나누며 이따금 가볍게 웃기도 했다. 절대로 가벼운 이야기가 아니었는데도 말이다.

이 대화는 우리 두 사람을 모두 편하게 만들었다. 삶은 물론 복잡하지만 결국 먹고, 자고, 말하고, 웃고, 신경질 내는 따위의 단순한 일상이 그물처럼 얽힌 것에 불과하다. 이 사실을 이해하기까지 나는 참 오랜 시간을 내 마음과 허투루 싸움질하며 허비했다.

나는 가장 친한 친구와 이야기를 나눌 때조차 종종 어색한 기분을 느낀다. 책과는 그럴 일이 없다. 싫증이 나면 언제든 덮어버리면 그만이다.

이쿠타 슌게쓰 외, 「실내 여행」, 『작가의 서재』
(안은미 옮김, 정은문고, 2023)

세상엔 대화를 즐기는 사람과 달가워하지 않는 사람이 있다. 나는 역시 뒤쪽이다. 말주변도 없을뿐더러 남이 하는 말을 멋대로 오해하고 자주 말실수를 하는 편이라 되도록 대화를 피하자는 주의다. 역시 책과 대화하는 게 좋다.

내가 대화에서 가장 어려움을 겪는 부분은 상대의 말을 내 멋대로 해석하는 건데 이런 습성이 책을 읽을 때면 안전하고도 재미있는 놀이가 된다. 책 속 내용을 이상하게 받아들인다고 해서 책이 나에게 핀잔을 주거나 나중에 복수하는 일은 없다. 절교를 선언하지도 않고 다른 책에게 내 뒷담화를 하는 일 역시 없다.

그래서 내가 좋아하는 책은 아무렇게나 읽고 해석해도 되는 작품이다. 『이상한 나라의 앨리스』처럼 말이다. 특히 중간쯤 나오는 모자 장수의 다과회 장면이 압권이다! 앨리스를 포함해서 거기 등장하는 모든 캐릭터가 정신 나간 헛소리를 해 댄다. 어떤 독자는 이게 무슨 내용이냐 할 수도 있겠지만 나는 살다가 웃을 일 없을 때면 자주 그 부분만 찾아서 읽곤 한다.

그러면서 상상한다. 의자도 많은데 모자 장수는 왜 앨리스에게 네 자리는 없다고 하는 걸까. 시간은 어째서 제멋대로 왔다 갔다 하는 걸까. 까마귀와 책상은 무슨 이유로 닮은 걸까. 작가인 루이스 캐럴은 이렇게 멋진 존 테이얼의 삽화를 왜 그토록 싫어했을까. 이런 질문에 나름대로 이상한 답을 붙이다 보면 어느새 기분이 상쾌해진다.

어쩌면 우리의 삶 전체가 이렇듯 밑도 끝도 없이 떠드는 헛소리의 연속은 아닐는지! 그런 생각을 하면 답답한 이 세상도 조금은 숨통이 트이는 느낌이 든다.

73번째 대화

내면에 슬픔보다 기쁨을 많이 지닌
인간은 진실할 수 없다. 진실하지 않거나
아직 성숙하지 못했거나 둘 중 하나다.

허먼 멜빌, 『모비딕』
(강수정 옮김, 열린책들, 2013)

모든 예술 장르를 막론하고 우리가 명작이라 부르는 것들은 대부분 비극이다. 사람들에게 밝고 경쾌한 기분을 전해 주는 작품이 고전의 반열에 오르는 일은 많지 않다. 『돈키호테』조차 어찌 보면 비극적인 이야기 아니던가. 비극적으로 웃긴 이야기니까.

안나 카레니나가 기차에 몸을 던지지 않았다면 그 긴 소설의 결말은 참으로 허무했을 것이다. 그레고르 잠자가 벌레인 채로 삶을 마감하지 않고 다시 인간의 모습으로 돌아왔다면 애초에 평론가들이 『변신』이라는 짧은 작품에 주목했을까? 거대한 흰고래와 맞서 싸워 선원들이 끝내 승리를 거뒀다면 『모비딕』은 현대문학의 역사에서 가장 길고 지루한 소설로 남았을지도 모른다.

모든 창작자가 놀라운 결과물을 세상에 내놓는 건 아니다. 자기의 내면과 진실한 대화를 할 줄 아는 독특한 재능, 혹은 무모한 용기를 가진 극히 일부만이 역사에 작품을 남긴다.

우리는 죽음과 슬픔을 이길 수 없다. 그저 못 본 체 외면하거나 거짓말로 내면과 대화하면서 기쁨과 밝음이 우리 주변에 있다며 끊임없이 속일 뿐이다. 제아무리 고귀한 사랑조차 가장 아름다운 거짓에 지나지 않을지 모른다.

불멸의 창작자들은 자신의 정신을 갉아먹으면서까지 내면과 속임수 없는 대화를 해 나가는 이들이다. 어두운 내면과 완전하게 마주하는 순간, 어떤 이는 정신병에 사로잡히기도 한다. 그만큼 인생의 진실은 다가가기 어려운 곳에 숨겨져 있다. 내면과의 고통스러운 대화를 통해서만 어둠 속에 자리한 진실의 끄트머리나마 짐작해 볼 수 있을 뿐이다.

74번째 대화

내가 나와 나누는 대화를 기록하는
그 과정에서 나 자신을 마주한다.

김규림, 『아무튼, 문구』
(위고, 2019)

무슨 일을 하기에 늦은 나이라는 건 없다고 하지만, 기왕에 좋아하는 일이라면 일찍 시작하는 편이 좋다. 그래서 나는 20여 년 전, 무작정 회사에 사표를 내고 책 관련 일을 찾아 주변을 기웃거렸다.

이후로 4~5년 동안 출판사와 헌책방에서 일하면서 내 안의 목소리와 나누는 대화의 주제가 더욱 구체화 됐다. 내 계획은 동네에 작은 헌책방을 만들고 거기서 독서 모임을 비롯한 각종 문화 행사를 기획하는 거였다. 지금이야 그리 특별할 것도 없지만 2007년에는 그런 책방이 없었다. 사실은 없다기보다 아무도 할 생각이 없는 사양 사업 모델이었지만.

"지금 누가 그런 걸 해요? 1980년대에 대학교 앞에 있던 사회과학 서점들이 이미 했던 것들인데 그 서점들 지금은 다 없어졌잖아요?"

사람들과 대화하면 늘 이런 말이 나왔다. 나는 그럴수록 내 안으로 더 파고들며 대화했다. 한데 이상이 쓴 시처럼, 나의 대화 상대인 나는 언제나 내 손과는 반대편 손을 내밀었다.

그럼에도 지난 20년 동안 내가 헌책방을 말아먹지 않고 일하며 글 쓰는 생활을 유지할 수 있었던 큰 힘은 나 자신과의 치열한 대화에서 나왔다. 여전히 나는 남보다 나와 더 많이, 자주 대화한다.

이건 나 자신에게 새기는 조언이기도 하다. 뭔가를 시작하고 싶다면, 그게 진짜 자기가 좋아하는 거라면 누구보다 자기와 먼저 대화할 것. 토론하고 씨름할 것. 나중에 돌아보며 이 대화가 가장 값진 훈련이었다는 걸 깨닫는 날이 반드시 온다.

75번째 대화

이제 신과의 대화는 끝났다.

친기즈 아이트마토프, 『백년보다 긴 하루』

(황보석 옮김, 열린책들, 2009)

재미있는 일이 있거나 누군가와 흥미로운 대화를 하면 잊지 않도록 수첩에 적어 둔다. 기록 습관은 초등학생 때로 거슬러 올라간다.

그때 나는 신을 원망하며 그와 대화하는 형식으로 일기를 썼다. 신은 나를 왜 이렇게 재미없는 인간으로 만들어서 '애늙은이'라는 별명까지 얻게 했는가?

우리 할머니는 90세가 넘도록 사셨다. 말년에 가톨릭으로 개종하고 '미카엘라'라는 세례명도 받으셨다. 어느 날 할머니 댁에 갔더니 갑자기 "이젠 미카엘라 할머니라고 해라."라고 하셨다. 그 말을 듣고 나는 하마터면 웃을 뻔했다. 언제나 화가 잔뜩 나 있는 것 같은 할머니의 인상과는 전혀 어울리지 않는 이름이었기 때문이다. 내가 초등학생 때였는데, 그날 겪은 일도 내심 재미있다고 여겨서 공책에 짧게 기록해 뒀다. 중학교에 올라가자 유머 수집에 더욱 적극적이 되어서 일기장 외에 따로 수첩까지 마련했다.

나는 그 수첩에 '신의 비망록'이라는 제목을 붙였다. 왜 그런 제목이었는지는 묻지 마시길. 그때 나는 중학교 2학년이었으니까.

'신의 비망록'은 고등학생 때까지 쓰이다가 대학에 들어가고 나서는 손바닥만 한 수첩으로 바뀌었다. 그러고는 신과의 대화라는 콘셉트도 관뒀다. 아무리 생각해 봐도 나의 유머 감각은 신과 아무런 관계가 없다는 결론에 다다랐다. 이건 그냥 타고난 본성이다. 신과의 대화는 그것으로 끝이었다.

아마 신도 나같이 재미없는 사람과는 오래 대화하고 싶지 않았을 거다, 신이니까 그만큼이나 참았을 테지, 요즘은 그렇게 생각하며 산다.

76번째 대화

진리라는 말은 존재 자체에 적용되는
개념이 아니라, 언어, 더 정확히
말해서 어떤 언어에 의한 진술에만
적용되는 개념이다.

박이문, 『노장 사상』
(문학과지성사, 2004)

어릴 적부터 부모님을 따라 교회에 다니기는 했지만 '진리'라는 말에는 어쩐지 거부감이 들었다. 내게 진리란 수학의 정의처럼 극단적인 변수를 넣어도 딱 들어맞는 말이어야 했다.

수학에서는 어떤 숫자를 대입하든 답이 틀리지 않아야 참인 명제다. '곱셈에 대한 0의 성질'처럼 말이다. 숫자 0에는 어떤 숫자를 곱해도 답이 반드시 0이다. 내 감각에는 바로 이런 것이 진리다.

학창 시절에 "철학은 말로 하는 수학"이라는 말을 어디선가 읽고 감탄했던 일이 있다. 즉 진리는 어떤 말이 진술하고 있는 체계가 틀림이 없을 때만 진리이고, 그 말이 얼마나 듣기 좋으냐와는 상관없다.

이를테면 "가는 말이 고와야 오는 말이 곱다"라는 속담은 진리가 아니다. 대화에서 '곱다'라는 개념을 받아들이는 감수성이 사람마다 다르기 때문이다. 그러니까 이 경우는 '고운 말'의 개념 정의부터 다시 살펴야 한다.

진리라고 할 것까지야 없지만 어떤 멋진 말을 보고 '어, 이거 괜찮은데?'라는 생각이 드는 때도 있다. 그럴 때 나는 즉시 문장의 진술을 나만의 방식으로 검증한다. 문장의 앞뒤를 바꿔 봤을 때도 괜찮게 느껴지면 합격이다.

"피할 수 없다면 즐겨라"라는 문장을 예로 들면 어떤가? 뒤집어 보면 "즐길 수 없다면 피해라"가 된다. 이거 아주 좋다! 현대 사회에선 오히려 이쪽이 더 진리에 가까운 것 같다. 앞선 속담도 "오는 말이 고와야 가는 말이 곱다"처럼 반대로 하니까 왠지 더 와닿지 않나.

나는 말의 위력을 안다 무희의 뒤축에 밟힌
꽃잎처럼 하찮게 보일지라도
인간은 영혼과 입술과 뼈로 살아 있다.

블라디미르 마야콥스키, 「미완성의 시」,
『마야콥스키 선집』(석영중 옮김, 열린책들, 2009)

아침에 집 주변을 산책하면서 곧 써야 할 짧은 글에 관해 생각을 이어 간다. 글 주제는 편집자가 정해 준 대로 '말과 글이 가진 힘'이다. 골목으로 접어들면서 나는 말과 글의 소재를 찾으려고 두리번거린다. 머리로는 자꾸 다른 생각을 하면서. 글의 시작부터가 어렵다. 말과 글이라는 글감은 너무 평범하고 범위가 넓어서 실은 쓰고 싶지도 않다.

오래전 인류에게 가장 중요하게 여겨지던 소양은 육체적 힘이었다. 그러므로 힘센 남자들의 세상이었다. 지금은 다르다. 말과 글의 힘이 육체를 넘어선 지 오래다. 이렇게 생각한 다음 머리를 가로젓는다. 나는 글을 쓸 때 너무 옛날 감상을 끄집어낸다는 지적을 여러 번 받았다. 어릴 적 이야기나 역사를 들먹이는 건 시시하다.

오래된 양옥 주택 앞 담 밑에 작은 화단이 보인다. 개가 갑자기 한쪽 다리를 들더니 꽃 위로 소변을 뿌린다. 개 주인은 개가 볼일을 마칠 때까지 잠자코 기다리다가 개가 움직이자 따라서 그쪽으로 걷는다. 개가 사람을 이끈다. 화단 옆엔 "개 조심"이라고 손 글씨로 쓴 팻말이 있다. '개'만 빨간색이다. 얼마 뒤 낡은 철문을 열고 키가 작고 다부진 몸매의 노인이 밖으로 나와 화단을 살핀다. 그러고는 큰 소리로 허공에 욕을 해 댄다. 마치 나 들으라고 하는 소리를 들은 양 몸이 움츠러든다. 나는 얼른 자리를 피한다.

그날은 하루 종일 '개 조심'이라는 글자가 머리에 박혀 떠나지 않았다. 노인의 카랑카랑한 목소리가 내 영혼을 꾸짖는 듯 꿈에서도 들렸다. 꿈에서 나는 글과 말의 힘에 억눌린 개가 되어 코로 땅바닥을 긁으며 골목길을 방황했다.

말이란 얼마나 짧고 내 생각에 비해
얼마나 빈약한지!
내가 본 것을 '조금' 말한다는 것에도
미치지 못하는구나.

단테 알리기에리, 『신곡』
(김운찬 옮김, 열린책들, 2022)

말이 넘치는 세상이다. 글도 넘친다. 언젠가부터 책을 읽지 않는다고 여기저기서 걱정하는 목소리가 들리는데, 이상하게도 말과 글이 넘치고 시인도 넘친다. 여러 장르의 신인도 넘치도록 많다.

그러다 보니 말이 말을 잡아먹고 글이 글을 먹어 치운다. 남이 쓴 글은 키보드 단축키 한 번으로 내 글이 되고 내 글은 또 누군가의 카드뉴스로 재탄생한다. 신문기자들은 받아쓰기에 바쁘다. 글이란 약간의 오해와 오류를 덧붙여 시장에 내다 파는 상품이 된 듯하다.

유튜버가 시를 쓰고 여행 작가는 인스타그램에 사진을 올려 하트 개수만큼 돈을 번다. 사진가는 온종일 컴퓨터 앞에 앉아 몇 년 전에 찍은 사진을 픽셀 단위로 수정한다. 그는 요즘 영어책 번역하는 일로 생계를 꾸린다.

말과 글은 이제 서로를 오해하(게 만드)는 것만이 진정한 목적이 되었다. 혹은 불특정 다수를 향해 내던지는 그물로 변한 지 오래다. 읽고 쓰며 대화하는 일에 열중하는 사람들은 입을 뻐끔거리며 그물에 딸려 올라온다. 신의 아들은 정확히 예언했다. 너희는 사람 낚는 어부가 될 것이다!

말이면 다인 세상, 대화로 풀어 보자는 허울 좋은 소리가 우리를 끝없는 미궁 속으로 밀어 넣는다. 말과 대화란 얼마나 빈약한 도구인지! 그럼에도 끝내 여기에 기댈 수밖에 없는 운명이다. 이처럼 빈약한 도구지만 이보다 조금이라도 나은 어떤 것을 발명하지 못했기에.

인류가 말과 글과 소통의 범람 속에 사라져 버릴 운명이라고 해도 이 비천한 도구는 우리에게 털끝만 한 희망을 속삭인다. 그 예리한 끝을 보는 사람이라면 바다 너머를 비추는 가장 희미한 등대의 불빛을 마음에 살릴 수 있다고.

79번째 대화

내 말은 거짓도 진실도 아니었으니,
논리와 윤리의 한계를 넘어 경쾌하고
자유로운 뜻을 지닌 말이었다.

니코스 카잔차키스, 『영혼의 자서전』

(안정효 옮김, 열린책들, 2009)

말하는 것만큼 힘든 노동이 또 있을까? 말이야 그냥 나오는 대로 술술 하면 되는 것이지 뭐가 힘드냐고 반문할 사람도 있을 것이다. 그러나 나는 무슨 말을 하려고 마음먹어도 입이 잘 떨어지지 않는다. 입속의 말이 온통 검은 잎처럼 가득 차서 입을 벌려도 곧장 소리가 나오지 않는다.

그것은 오랫동안 극복하기 힘든 문제였고 지금도 마찬가지다. 어떤 말을 해야겠다고 머릿속으로 생각하면, 그 생각이 맞는지 틀리는지 우선 검증하려고 애쓴다. 대개는 여기에서부터 막힌다.

맞는 말, 틀리는 말이라는 걸 빅브라더 같은 존재가 미리 정해 둔 것이 아니기에 차별이나 혐오 표현이 아닌 이상 자유롭게 해도 될 텐데, 이 생각을 실천하는 게 내겐 너무 어렵다. 머릿속에 나만을 통제하기 위해 작동하는 빅브라더가 있는 것 같다. 내 사고방식이 다소 극단적인 탓인지도 모르겠다.

좀 더 유연하게, 긴장을 풀기 위해 평소에 나는 머릿속으로 하나 마나 한 헛소리 같은 걸 자주 상상한다. 개그맨이라고 해도 입 밖으로 꺼내지 않을 만한 의미 없는 대화를 나 자신과 주고받는다.

나는 몸의 자유와 함께 말의 자유, 자유롭게 대화할 때 찾아오는 해방감을 갈망한다. 아직 '경쾌하다'고 할 만한 자유는 경험하지 못했으나 나 혼자만 자유로운 것보다야 머뭇거림 속에 머무르는 것이 낫다고 믿는다. 그렇게나마 위안을 삼는다.

레빈은 자연의 아름다움에 관해
얘기하거나 듣는 걸 좋아하지 않았다.
말은 오히려 눈에 보이는 것으로부터
아름다움을 앗아 갔다.

레프 톨스토이, 『안나 카레니나』
(이명현 옮김, 열린책들, 2018)

알랭 로브그리예, 조르주 페렉, 미셸 비토르 등 프랑스 누보로망 작가들의 책을 즐겨 읽는 이유는 그들이 글로 아무런 표현도 하지 않기 때문이다. 말과 글은 무엇을 표현하든 과장하거나 작게 만들 뿐이며 실제 감정이나 감각과는 아무런 상관이 없다.

길가에 꽃이 핀 것을 보았을 때, 플로베르라면 눈앞에 그 꽃이 살아 움직이는 듯 생생한 문장을 쓸 것이다. 그러나 누보로망 작가는 꽃의 크기와 잎의 개수 정도만 독자에게 말한다. 무미건조하게 느껴질 수도 있겠지만 나는 이쪽이 좋다. 작가가 쓴 정보를 바탕으로 마음껏 나머지 세부 사항을 상상할 수 있다.

쇼팽이나 리스트의 화려하고 아름다운 곡보다 텔레만, 바흐, 퍼셀, 스카를라티, 라모 같은 바로크 시대 곡들을 좋아하는 이유도 마찬가지다. 이들의 음악은 작곡자나 연주자의 감정을 악보 뒤로 감춘다. 셈여림도 없는 무심한 건반 터치, 미세한 비브라토마저 느껴지지 않는 현악의 건조함 또는 검소함. 이런 음악 속에서 나는 비로소 나만의 감정을 풀어 놓는다.

악기들이 나누는 호흡, 사람들 사이의 대화는 직접적인 소통이라 편리하다. 하지만 그것이 오고 갈 때 오염돼 변질되곤 한다. 진짜 아름다움, 고유한 사랑은 다른 사람으로부터 전해질 수 없다. 진정한 가치는 오직 나 스스로 알게 될 때 발생하나, 스스로 아는 것도 혼자서는 어렵다. 누군가와의, 어떤 것과의 대화를 통해야 한다. 레빈이 경계한 지점이 바로 여기다. 지극한 자연주의자인 그는 사람들로부터 전해 듣는 변질된 말보다 자연과의 직접 대화를 원했다. 이를 통해 스스로 깨달은 아름다움이 혼란스러운 그의 마음을 구원했을 것이다.

앙투안느   이 목소리는 어디서 오는 거지?
　　　　　누가 이렇게 끊임없이 내게
　　　　　말을 하고 있지?
목소리   너의 의식!
앙투안느   두려움 때문에 저 말이 거의
　　　　　믿겨질 정도야.

귀스타브 플로베르, 『성 앙투안느의 유혹』
(김용은 옮김, 열린책들, 2010)

꿈을 꾸고 나면 때때로 일어나자마자 수첩에 꿈 내용을 적는다.

내 꿈은 내 일인칭 시점으로 진행되는 영화인데, 연출도 촬영도 내가 한다. 나는 꿈속에서 마치 컬트 영화 장면처럼 기이한 역할을 수행하는 동시에 내 목소리로 된 어떤 지시나 의견을 듣는다.

꿈속에서 듣는 내 목소리에는 아마도 나의 의식 세계가 반영되어 있을 것이다. 나는 되도록 연출자인 내 목소리를 따르려고 하지만 꿈속에서 활동하는 나는 자꾸만 그 목소리를 거부하려 든다. 아무리 꿈이어도 그렇지, 너무 위험하거나 속된 지시를 내리기 때문이다. 목소리는 현실이었다면 생각할 수조차 없는 부정한 지시를 한다.

나는 연기를 하면서 두려움에 떤다. 그래도 어쩔 수 없이 따라야 한다. 지시니까! 결국 나는 꿈인지 현실인지 구분할 수 없는 공포스러운 상황에 이르러서야 정신을 차린다.

두려움에 몸을 한껏 움츠리고 속으로 주문을 외우듯 생각한다. '이건 현실이 아니다. 허상이고 잠재의식일 뿐이다!' 그러고도 한동안은 의식의 목소리를 거부하지 못한다. 두려움은 잠재의식의 세계가 실은 진짜 네 현실이라며 믿음을 강요한다.

그러다 깨어 보면 여지없이 새벽 네 시다. 목소리가 저 어두운 방구석에 몸을 숨기고 나와 대화하려고 기다리는 것 같아 다시 잠들 수 없다. 수첩을 펴고 날이 밝아 올 때까지 나는 계속 적는다. 그것만이 목소리로부터 벗어나는 유일한 길이다.

82번째 대화

나는 거의 아무하고도 말을 하지
않았다. 혼자 있는 것이 즐거웠기
때문이다. 오직 개들하고만 이따금씩
짧은 대화를 나누었다. 개들과는
말이 아주 잘 통했다.

라이너 마리아 릴케,『말테의 수기』

(안문영 옮김, 열린책들, 2013)

군에 있을 때 만난 보일러실 담당 병사는 하루에 두 번씩 보일러 작동 스위치를 켜고 끄는 것 외에는 달리 하는 일이 없어 보였다. 그의 가슴에는 군 생활에 적응하지 못하는 병사에게 달아 주는 '관심사병' 배지가 달려 있었다. 보일러실 한쪽의 작은 화단에는 어디에서 가져왔는지 모를 화초가 자라고 있었다.

1년 정도 지나고 그는 별 탈 없이 전역했다. 우리가 처음으로 대화를 나눈 것이 그 무렵이었다. 나는 그에게 화단을 내가 이어받아 관리해도 되는지 물었다. 그는 흔쾌히 그러라고 했다. 그는 사람 대신 개와 고양이, 꽃, 나무 들과 이야기 나누는 게 편하다고 말했다. 그들은 자신을 속이지 않으며 오해도 하지 않고, 그래서 괴로울 일도 없다는 거다. 물론 자기도 그들을 절대로 나쁘게 대하지 않을 거라고 몇 번이나 말했다.

그가 전역한 후에도 우리는 자연스레 연락을 이어 갔다.

한번은 장난 삼아 그에게 도로 옆 가로수 아래 피어 있는 잡초를 가리키며 이런 것들과도 대화할 수 있느냐고 물었다. 그는 아무렇지도 않게 곧바로 쪼그리고 앉아 잡초를 손끝으로 살살 건드리며 말했다. "넌 지금 무슨 생각을 하니?", "지금 목마르지 않니?", "찻길 옆에 살아서 힘들지 않아?" 나도 옆에 같이 앉아서 잡초가 무슨 대답을 들려줄지 기다렸다.

잠시 후 그가 잡초의 대답을 들려주었다. "곧 비가 올 거야. 나야 좋지만 너희는 젖지 않게 어딘가 들어가서 비를 피하도록 해." 무슨 뚱딴지같은 소리인가 싶었다. 그날은 분명 비 예보가 없었고 하늘도 구름이 조금 있을 뿐 상당히 맑았기 때문이다. 그다음 얘기는 굳이 하지 않아도 알 것이다. 우리가 카페에 들어가고 이삼십 분 정도 지나자 갑자기 먹구름이 몰려오더니 우렁찬 소리를 내며 비가 쏟아지기 시작했다. 우리 둘은 언제 그칠지 알 수 없는 비를 바라보며 말없이 음료를 마셨다.

83번째 대화

이 식당은 꼭 흐린 꿈속 공간 같다.
아무도 말을 하지 않는데 모두
대화하고 있어.

김이강, 「서늘한 식당에서」, 『타이피스트』
(민음사, 2018)

나는 언제나 이방인이 되는 꿈을 꾼다. 지금도 이방인처럼 살지만 익숙한 곳에선 완전한 이방인이 될 수 없기에 삶은 자주 어색한 균열을 낸다.

가장 마음이 편안해지는 순간은 외국에 나갔을 때다. 특히 사람 많은 대도시가 좋다. 거기서 나는 진짜로 이방인이니까. 아는 사람을 마주칠 일도, 내가 알아야 할 사람도 없다.

외국에 가면 나는 관광이나 쇼핑보다는 카페에 오랫동안 앉아서 다른 사람들을 구경한다. 밝고 넓고 창문을 통해 밖이 잘 보이는 가게가 좋다. 그런 카페 한구석에 앉아 곁눈질로 풍경을 살핀다. 아무도 나에게 관심이 없고 나 역시 그들과 아무런 관계를 맺고 싶지 않다.

내가 살펴본 풍경 속에서는 모두가 모두에게 말을 걸고 있다. 어떤 사람은 전화로 대화하고 누군가는 노트북을 들여다보며 그 안의 무언가와 소통하려 애쓴다. 길을 가는 사람도 그냥 멍하게 있는 건 아니다. 일행과 얘기를 나누며 걷는 사람들이 있는가 하면, 나와 비슷한 처지의 외국인은 간판을 읽으려고 애쓴다. 청소년들은 스마트폰 화면을 연신 손가락으로 긁으며 게임 같은 걸 한다. 그들 모두 쉬지 않고 대화 중이다.

나는 완전한 이방인이 되기 위해 카페에 앉아 아무것도 하지 않으려고 애쓴다. 그러나 이방인 되기는 늘 실패한다. 나 또한 다른 모든 사람과 마찬가지로 결국 주변의 풍경과 대화한다. 그리고 그 대화를 글로 쓰기 위해 기억한다. 기억은 이방인과의 대화를 즐긴다. 나는 이국의 어느 카페에서 소리 없이 대화하는 이방인이다.

84번째 대화

希言自然 - 자연은 말수가 적다.

노자,『도덕경』
(오강남 옮김, 현암사, 2010)

대화의 종류와 범위는 무궁무진하다. 친구와 가족, 연인은 물론 우리는 자연 전체와 소통할 수 있다. 그러나 모든 소통이 대화의 형식을 띠는 것은 아니다. 대화는 상대가 있어야 가능한데, 어떤 대상이 앞에 있다고 해도 그가 상대해 주지 않으면 대화가 성립하지 않는다.

인간과 마찬가지로 자연도 끊임없이 대화한다. 우리는 그 대화에 동참할 수 없다. 자연은 그들만의 언어로 대화하기 때문이다. 자연은 자연을 상대하지 인간에게 대화를 걸어오는 일은 거의 없었다. 아니, 없었다고 느끼는 건 우리뿐인지도 모른다. 우리는 자연의 언어를 알지 못하기에.

불어오는 바람, 떠다니는 구름, 언제나 그 자리를 지키고 선 나무, 수천 만 년 전부터 세상 모든 역사를 지켜본 바위……. 이것들은 늘 말하지만 우리는 알아듣지 못한다. 그래서 일부 시인이나 명상가를 제외하면, 우리는 자연을 그저 묵묵히 자리를 지키는 배경처럼 여겨 왔다.

이제는 사정이 달라졌다. 근래에 자연은 사람들이 알아들을 수 있는 방식으로 말을 걸어온다. 느닷없는 극한의 추위와 더위, 홍수, 산불, 녹아내리는 빙하, 전염병……. 자연은 인간을 향해 소리 지른다. 지금 대화하지 않으면 끝장이 날 거라고.

하지만 인간은 자연을 상대하지 않는다. 마침내 자연과의 대화가 영영 끊어지는 날, 우리를 상대해 줄 존재는 아무것도 남지 않게 된다.

자신의 마음과 바다와 끊임없이
대화하다 보면 막연하게 굴욕감을
느낄 때도 있었는데 바다의 그 위대한
말이, 이해 불가능한 것을 이해하길
갈망하는 보잘것없는 지성에는 너무나
폭력적인 것 같았다.

가브리엘레 단눈치오, 『쾌락』
(이현경 옮김, 을유문화사, 2016)

회사에 다니던 시절, 영어를 아주 조금 할 줄 안다는 이유로 미국 지사에서 온 직원에게 서울 구경을 시켜 주는 임무를 맡은 적이 있다. 태어나서 줄곧 미국의 대도시에서만 살았다는 외국인 손님은 뜻밖에도 시내 관광보다 북한산에 더 관심을 보였다.

내게는 익숙하다 못해 심드렁한 이 산을 오르는 동안 그는 연신 "원더풀", "뷰티풀", "언빌리버블" 하며 감탄사를 쏟아냈다. 정릉 청수장 입구로 해서 보국문 정상에 오른 우리는 땀을 식히며 서울을 내려다봤다. 다행히 미세먼지도 없이 맑은 날이라 여의도를 돌아나가 인천으로 뻗는 한강 줄기도 잘 보였다.

미국인들은 이성이나 지성이라는 말을 좋아하는데 서울은 감히 이런 것들로 판단할 수 없는 곳이라고 그는 말했다. 산이라는 거대한 자연물이 서울에 대한 이성적·지성적 판단을 무너뜨린다는 거다. 나는 그 말의 뜻을 당시엔 확실히 이해하지 못했는데 그 뒤로 몇 번 더 북한산에 오르며 조금은 그때의 말을 느낌으로 알 수 있게 됐다.

지금 나는 도시에 살며 꽤 비싼 헤드폰으로 귀를 막고 클래식 명반을 들으며 잠시 만족감에 젖는다. 그러다 가끔 내가 자란 강원도 태백에 다시 찾아가면 가느다랗게 들려오는 바람 소리에도 등골이 오싹해져 오는 걸 느낀다. 멀리서 들리는 뻐꾸기의 단조로운 노랫소리, 물고기가 꼬리지느러미로 수면을 찰랑거릴 때 내는 상쾌한 음색은 인간이 만든 어떤 첨단 기기로도 흉내 낼 수 없다. 우리가 열심히 만들어 온 모든 정신적이며 실체적인 것들은 얼마나 가소로운가. 때때로 그 느낌은 굴욕적이기까지 하다.

86번째 대화

나는 의자도 교회도 철학도 없다
나는 저녁 식탁, 도서관, 대화에
아무도 초대하지 않는다

월트 휘트먼, 「나 자신의 노래」, 『풀잎』
(허현숙 옮김, 열린책들, 2011)

고등학생 때 나는 '우리말 사랑회'라는 동아리에서 활동했다. 동아리 교실에서는 아이러니하게도 선배들이 매일 통기타를 옆구리에 끼고 팝송을 부르며 놀았다. 배드민턴부는 라켓으로 테니스공을 때리며 야구 놀이를 즐겼다. 역시 1990년대의 고등학교는 포스트모던 그 자체다.

2학년이 됐을 때 나는 우리 동아리에 새로운 목표를 제시했다. 무려 월트 휘트먼의 시를 함께 공부하자는 포부였다. 우리말 사랑회에서 외국 시인의 작품이라니 좀 이상하긴 해도 팝송보다는 나은 게 아니냐는 부원들의 지지를 얻었고 곧 『풀잎』 읽기 모임이 시작되었다.

이때 여러 흥미로운 이야기들을 많이 주고받았지만, 철학도 없고 대화에 아무도 초대하지 않는다는 시구를 두고 함께 토론했던 순간이 가장 기억에 남는다.

이 시에서 '의자'는 아래 행의 '저녁 식탁'과 연결된다. '교회'는 '도서관'이며 '철학'은 '대화'다. 우린 이것들의 관계에 대해서 오래 대화했다. 그때 어떻게 결론을 내렸더라. '철학과 대화가 같은 것이니 어떤 철학이라도 대화를 통해 나오지 않으면 의미가 없다, 하지만 대화에 초대하지 않는다고 했으니 진짜 철학은 오직 자신과의 대화로 완성한다는 얘기다.' 이렇게 내렸던 것 같다.

고등학생들은 마치 각자 위대한 시인이라도 된 것처럼 열변을 토했다. 생각은 거칠었고 대화 방법도 잘 몰랐다. 하지만 그 원석 같은 대화들이 없었다면 우리는 철학을 갖지도, 닦지도 못했을 것이다.

지금도 어딘가에서는 이런 싱싱한 대화가 웅성댄다. 철학의 모든 시작에 응원을 보낸다!

87번째 대화

큰 소리로 그리고 홀로 말하는 것은,
자신의 내면에 있는 신과의 대화와
같은 효과를 낸다.

빅토르 위고, 『웃는 남자』
(이형식 옮김, 열린책들, 2006)

평소에 혼자 중얼거리는 걸 즐긴다. 책을 읽을 때도 마음에 드는 부분이 있으면 소리 내어 읽는다. 그러면 한순간 내가 그 책을 쓴 작가인 듯한 기분에 사로잡힌다. 마치 내 속에서 나도 모르는 또 다른 인격이 깨어나 활동하는 것 같다.

혼자만의 시간, 평소보다 조금 큰 소리를 내며 책을 읽거나 대화를 시도하면 미지의 목소리도 곧 내게 화답한다. 내가 쓰는 거의 모든 글은 바로 이 목소리와 나눈 대화의 산물이라 해도 과장이 아니다. 글을 혼자 쓰려고 할 때마다 내면의 목소리는 나를 붙들었다.

어느 날 잡지사 의뢰로 작가 페터 한트케에 관한 짧은 글을 쓰고 있었다. 말 그대로 짧은 인상을 몇 줄 쓰면 되는 거라 가벼운 마음으로 자리에 앉아 수첩을 열고 만년필 뚜껑을 돌렸다. "한 남자가 편지를 받는다. 여자에게서 온 편지다."

그러자 문득 목소리가 내게 말을 걸어왔다. "우리도 산책이나 해 볼까? 넌 지금 편지와 이별에 관한 글을 써야 하지. 그러나 나 없이는 못 써." 목소리는 너무도 단호해서 나는 결국 이끌리듯 집 밖으로 나갔다. 산책하며 우리는 꽤 긴 대화를 했고 반전이 있는 소설처럼 마지막에 가서야 목소리가 왜 내게 산책을 권했는지 알게 됐다. 내 글은 편지로부터 시작하지만 결국 그 편지가 페터 한트케의 다른 책 『어느 작가의 오후』와 연결되어 있음을 깨달았다. 그 소설 속 주인공인 작가는 글을 쓰기를 그만두고 무언가에 이끌리듯 밖으로 나선다. 특별한 일도 일어나지 않는 스산한 겨울 오후, 어쩌면 그도 어떤 목소리를 들었을지 모른다. 목소리는 언제나 글을 쓰도록 이끈다. 목소리가 들려오지 않으면 쓸 수 없다.

반짝거리는 건 별들의 대화법이다.

J. M. 배리, 『피터팬』
(최용준 옮김, 열린책들, 2019)

지금 시간은 오후 2시 20분. 오랜만에 이 시간에 컴퓨터 앞에 앉아 글을 쓴다. 내가 글 작업을 하거나 책을 읽는 건 대개 밤이다. 아무래도 환한 낮보다는 밤에 집중이 잘 된다.

낮에 글을 쓸 때면 창문으로 들어오는 빛을 모두 가리고 탁상 스탠드 하나만 켜 둔다. 그러면 낮에도 어느 정도는 밤 분위기를 낼 수 있다. 나에게 낮은 달갑지 않은 시간이다. 아무래도 솔직해지기 어려운 시간이라 글을 쓰면서 자꾸 머뭇거리게 된다. 반면에 밤은 언제나 나를 낮 동안 잠들어 있던 솔직한 감정의 세계로 이끈다.

밤은 감각을 구석구석 예민하게 만들어 낮에는 감히 듣지 못할 정신과 사물의 목소리를 듣도록 해 준다. 밤은 모든 존재가 자기들끼리 대화를 주고받는 은밀한 시간이다. 낮이 인간의 세상이라면 밤은 골목길, 날벌레, 고양이, 별 들의 세계다.

나는 스피커로 흘러나오는 필립 그래스의 현악 사중주 음악을 들으며 낮에도 밤을 추억한다. 이 독특한 음악은 별들의 대화를 흉내 낸 것처럼 은은하고도 묘하다. 마치 고흐가 그린 별의 흔적을 현대에 다시 태어난 바흐가 작곡한 것 같다.

책을 읽거나 글을 쓰는 일은 머리로 하는 게 아니다. 심장으로 하는 것도 아니고, 어느 시인의 말처럼 온몸으로 밀고 나가는 것 역시 아니다. 그것은 바람의 대화, 별들의 대화를 엿듣는 일이다. 거기에 사람의 정신이 끼어들 틈은 없다.

음악은 끊어질 듯 이어지며 계속 여기에 머무르고, 나는 눈을 감은 채로 오늘 밤 내 방 창문 너머로 떠오를지도 모를 어떤 별의 반짝임을 상상한다. 그들의 속삭임을 상상한다.

89번째 대화

시간은 여러 모습을 지닌 어떤 것.
우리는 때로 시간의 목소리를 들으면서
영원한 것, 오래된 것을 만난다.

라이너 마리아 릴케, 「그들의 손을 시간 속에서」,
『두이노의 비가』(손재준 옮김, 열린책들, 2014)

시간은 하염없이 흘러간다. 빠르게 지나간다. 자꾸만 멀어져간다. 그런데 어디로 가는 걸까? 미래를 향해, 즉 앞으로 간다고 보는 것이 일반적이리라. 그러나 나는 오래전부터 시간이 꼭 앞으로만 가는 건 아니리라고 의심했다.

물론 시간은 쉼 없이 움직인다. 영화에선 종종 시간을 멈추거나 뒤로 돌리는 장면이 나온다. 그러나 나의 쓸데없는 생각은 영화와도 다르다. 시간은 계속 움직이면서 어디론가 진행하기는 하지만 그게 미래인지 과거인지 혹은 위인지 아래인지는 모른다. 아주 오랜 시간이 지난 다음에야 대충 어디로 갔었는지 짐작할 수 있을 뿐이다.

시간은 때때로 우리에게 말을 걸어 온다. 좀 이상한 말로 들릴지도 모르겠지만, 어릴 때 나는 시간의 목소리를 들었고 그 미지의 울림과 대화도 나누었다. 지금도 그 대화는 가끔 이어진다.

그럴 때마다 나는 목소리를 향해 묻는다. 그대는 어디에서 왔는가? 목소리는 자신이 지금 여기에 있을 뿐이라고 말한다. 대화를 마친 뒤에도 원래 있던 곳으로 되돌아가지 않고, 내가 어디론가 움직이면 또 거기에서 나를 기다린다. 내가 가는 곳은 미래도 과거도 아니다. 그저 지금 여기에 있고 다른 날 다른 곳에서도 만난다. 어떤 목소리는 과거의 나를 닮았다. 그렇다고 목소리가 과거에서 온 것은 아니다. 굳이 말하자면 시간은 오래전부터 나를 기다려 온 영원한 어떤 것이다.

내가 시간에 대해 생각하고 목소리를 불러내는 한 방편은 시이다. 입술을 움직여 가만히 시를 읽는다.

90번째 대화

우리의 대화는 황금빛 모래가
언뜻언뜻 반짝이며 내비치는 하늘빛
물살처럼 미끄러지듯 이어졌다.
또한 우리의 침묵은 산봉우리의
고요와 같았다.

프리드리히 휠덜린, 『휘페리온』
(장영태 옮김, 을유문화사, 2008)

고장 난 손목시계를 싸게 사들여 수리해서 판매하는 N과 가끔 연락하며 지낸다. 그가 나를 찾아오는 경우는 지난 20년 동안 두어 번에 불과했고 대개는 내가 N을 만나러 시계 공방에 간다.

N의 공방엔 물론 시계가 가득하지만, 다른 쪽 방문을 열면 거기엔 시계만큼 책이 그득 쌓여 있다. 그는 사실 시계보다 책을 좋아하고 책에 관해서라면 모르는 게 없을 만큼 상당한 장서가에 또한 애서가다. 하지만 책이 너무 좋아서 책 다루는 걸 업으로 삼고 싶지는 않다고 한다. 그가 업으로 선택한 것은 시계다.

나는 헌책방에서 일하다가 구하기 어려운 절판본이 있으면 N을 찾아가 물어본다. 그러면 선문답 같은 답변이 돌아오고는 한다.

"책의 세계는 바다처럼 넓어요. 보르헤스 말대로 우주까지는 모르겠지만, 확실히 바다만큼은 넓고 깊어요. 그런데 독서는 높은 산에 올라가 선선하게 부는 바람을 맞으며 눈을 감는 것처럼 고요한 외로움이죠."

그는 확실히 『휘페리온』을 인용한 것이리라. N은 『휘페리온』의 내용이 긴 독서 예찬이라고 주장했다. 미친 듯이 읽고 쓰다가 정말로 미쳐 버린 사람의 독서 일기라고도 했다. 나는 그때까지 횔덜린을 매끄럽게 읽지는 못했고 인상주의 그림처럼 어른어른 기억할 뿐이었지만, 그날 우리의 대화가 서해의 수평선처럼 매끄러웠다는 사실만큼은 분명하게 기억한다.

나는 그날 밤 『휘페리온』을 다시 한번, 침묵과 대화하듯 고요하게 읽었다.

끄집어낼 수 있는 말이
거짓말밖에 없다면
넌 내게 모든 것을 준 것이다

서동욱, 「사랑」, 『유물론』

(민음사, 2025)

두 사람이 서로 좋아하면 진심에 거짓말을 조금 보태고, 사랑하면 거짓말에 진심을 섞는다.

온 세상 모든 것보다 자신을 가장 사랑했던, 비극적인 삶을 살다 간 한 예술가 오스카 와일드가 말한다. 사랑에 빠진 사람은 모든 걸 약속하지만 단 한 가지만은 예외라고. 그건 바로 영원히 사랑하겠다는 맹세라고.

아아, 이토록 솔직한 거짓말이라니! 인류 역사 속 그 어떤 성자가 내놓은 사랑의 가르침보다 더 값지다.

사랑의 대화란 끊임없이 속고 속아 주는 일상의 연속이다. 사랑은 거짓으로 진심을 전하고 사기는 진심으로 거짓말을 한다. 이 작은 차이 속에서 우리는 모두 아슬아슬하게 살아간다. 혹은 사랑한다.

"나는 널 사랑하지 않아. 진심이야." 이 말을 들으면 아이러니하게도 사랑을 예감한다. 그러나 "진심이야. 나는 널 사랑해"라고 하면 기만당하는 기분이 든다. 정말로 사랑한다면 거짓말이라도 진심으로 해 주는 편이 좋다.

많은 종교인과 감성에 젖은 독서가들이 쉴 새 없이 사랑을 말한다. 서로 사랑하세요. 사랑만이 모두를 이깁니다. 사랑이 희망입니다. 사랑은…… 사랑은……. 그러나 누가 알겠는가, 저들조차 사랑에 목말라 신음하는 사막의 방랑자인지!

차라리 시인이 골방에 틀어박혀 원고지에 내뱉는 새된 소리가 사랑에 가깝다. 그들의 시는 언제나 거짓이며 우리에게 들려줄 말도 거짓밖에는 없다. 거짓으로 들려주는 사랑의 대화다.

나는 남몰래 그 그림자와 대화를
했고, 그 덕분에 나는 죽음과 화해를
해나가고 있었다.

니코스 카잔차키스, 『그리스인 조르바』
(이윤기 옮김, 열린책들, 2009)

세상에는 불가능한 대화가 두 가지 있다. 하나는 거울 속 나와의 대화고, 또 하나는 그림자와의 대화다. 거울 속의 나는 항상 나와 반대이기에 소통이 안 된다. 분명히 나지만 완전히 반대인 나다. 화해의 손을 내밀어도 악수를 할 수 없다. 그림자는 실체가 없기에 소통 불가다.

시간의 '흘러감'은 자주 알 수 없는 무언가가 되고 또 어디인지 모를 곳으로 나를 데려간다. 어디론가 가면서 나는 종종 검은 그림자에 사로잡혔다는 감각에 사로잡혔다. 그림자에 의해 이동했다고 생각하며 괴로워했으나 실은 내가 그림자를 데려온 것이다. 아무리 애써도 떨쳐 버릴 수 없는 그림자로 인해 나는 자주 죽음을 예감했다.

어두운 밤이 되어도 그림자로부터 해방되지 못했다. 희미하나마 달빛 때문에 그림자가 드리워졌다. 나의 그림자, 다른 사람의 그림자, 무섭게 팔을 벌려 금방이라도 나를 에워쌀 것만 같은 나무들의 그림자 모두 매한가지로 공포스러웠다.

그래, 그림자는 죽음이었다.

그림자는 붙들 수도, 떼어 낼 수도, 대화할 수도 없다. 그림자는 그저 구석에서 무던하게 기다린다. 카잔차키스의 소설 속 화자는 자신의 친구 조르바를 '위대한 영혼'이라고 평가했고, 소설의 마지막에서는 죽은 조르바의 영혼일지도 모르는 그림자에 관한 회상이 이어진다. 카잔차키스는 마지막에 이렇게 썼다.

"그게 뭐 그리 중요한가? 사랑은 죽음보다 강하네!"

93번째 대화

사람들의 정신과 감정은 대화로
형성되고, 대화로 변질된다.

블레즈 파스칼, 『팡세』
(현미애 옮김, 을유문화사, 2013)

사람의 정신과 감정, 태도, 마음 등은 스스로 생성되지 않는다. 그것들은 외부 자극과의 계속되는 소통, 즉 대화를 통한 훈련과 학습의 결과다. 지식은 공부를 통해 혼자서도 쌓을 수 있지만 정신적인 것, 이를테면 지혜는 혼자 노력한다고 저절로 생기는 게 아니다.

구도자들은 속세와 인연을 끊고 명상과 수행을 통해 혼자서도 큰 깨달음의 경지에 이르기도 하지만 우리 대부분은 그렇게 살지 못한다. 그 정도의 우주적인 깨달음이 모든 사람에게 필요한 것도 아니다. 그저 남에게 피해 주지 않고 상처받지 않으며 살 수 있을 정도만 되어도 성공한 인생이다. 그런데 그게 참 어렵다.

우리의 정신에서 비롯되는 추상적인 것들은 웬만해서는 바뀌지 않는다. 때론 바뀌는 것처럼 보여도 실은 바뀌는 게 아니라 다른 방식으로 삶의 의지가 움직이는 것뿐이다. 의지는 혼자 움직일 수 없고 끝없이 반복되는 대화와 소통으로 물처럼 흘러간다. 다른 사람과의 관계, 세상과의 소통, 멍하니 하늘을 바라보며 구름에 관해 생각하기, 때때로 자기 자신에게 말 걸고 대답을 듣는 일 등등 이 모든 생활의 면모가 대화이다. 대화는 우리의 모든 걸 만들고 자라게 하며 때로 변질시키기도 하면서 어디론가 흘러간다. 그 목적지가 너른 삶의 바다라는 사실을 알게 되는 건 한참이나 살아 보고 난 뒤다.

당장은 아무것도 모른다. 형성되고 변화하는 마음의 움직임도 어느 날 또 다른 대화를 통해 알아차릴 수 있을 따름이다.

94번째 대화

나의 말 없는 산책은 끊임없는 대화다.

페르난두 페소아, 『불안의 서』
(배수아 옮김, 봄날의책, 2014)

오전 10시 30분. 하던 일을 덮어 두고 밖으로 나간다. 이 시간은 특히 골목이 한산하다. 최근에 이사 온 마포 성산동 근처 아파트 단지는 얼마 전부터 재개발 소식으로 들뜬 분위기다.

건설회사가 걸어 놓은 재개발 응원 현수막 건너편은 월드컵 경기장인데, 입구로 들어서면 경기장이 아닌 멀티플렉스 영화관이 나온다. 나는 정작 경기장으로 들어가는 문이 어딘지 모른다.

경기장 뒤로는 쓰레기 매립지에 조성한 공원이 보인다. 어릴 적 자동차를 타고 이 근처를 지나간 일이 있다. 가까이 다가갈 때까지 이게 전부 쓰레기라는 사실을 믿을 수 없었다. 그 너머에 국제 공항이 있다는 것도 역시 거짓말 같았다.

현실은 지금 내가 이 거리를 걷고 있다는 것이고, 걸으면서도 계속 누군가와 대화를 이어 간다는 것이다. 무심하게 걸은 적은 없다. 어릴 때 내겐 가상의 친구가 있었고 지금 그는 데미안처럼 떠나고 없다. 다만 목소리만이 남아서 나와 대화를 이어 간다. 나는 여전히 알을 깨고 나오지 못한 채로 매일 이 시간에 집을 나선다. 나는 싱클레어가 될 수 없다. 싱클레어도 나를 모른다.

조금 전까지 목소리는 내게 아파트에 관해 물었고 경기장과 난지도 쓰레기 매립장, 아니 이제는 노을공원이라는 멋진 이름으로 불리는 거대한 현실 세계로 나의 이야기를 이끌었다.

다른 골목으로 방향을 바꿔 돌아가는 길에 나와 목소리는 또 다른 대화를 이어 갔다. 그러나 우린 둘 다 아무런 소리나 기척도 내지 않았다. 다만 걸었고, 끊임없이 대화했다. 얼마 뒤 이 대화의 말들은 책으로 엮여 또 누군가의 목소리가 될 것이다.

산책로를 걷는데, 담 위의 삼색
고양이와 눈이 마주쳤다.
"야옹."
말을 걸자 "야옹" 하고 대답해 줬다.
고양이도 가지가지지만 인간도
가지가지다.

마스다 미리, 『매일 이곳이 좋아집니다』
(이소담 옮김, 티라미수 더북, 2023)

산책이 주는 즐거움이라면 대화가 으뜸일 것이다. 사람 아닌 다른 대상과의 대화. 사람은 가만히 앉아 있을 때보다 몸을 움직일 때 더 흥미로운 생각과 대화거리를 떠올린다. 많은 창작자가 개성 있는 작품의 초안을 구상하는 곳은 집 안이 아닌 야외다. 야외에서 우리는 주위 환경이나 사물과 새로운 관계를 맺는 가지각색의 인물로 변신한다.

산책길에서 발견한 고양이와 대화를 나누는 사람을 보는 건 이제 흔한 일이다. 이제는 사람보다 먼저 고양이가 야옹야옹 다가오기도 하니, 그런 고양이를 거부하고 제 갈 길만 가는 사람이 오히려 매몰차 보일 정도다.

길고양이만이 아니다. 내가 다니는 천변 산책길만 해도 물 위에 떠 있는 청둥오리나 왜가리를 향해 안부를 전하는 이를 쉽게 볼 수 있다. 풀꽃이나 돌멩이를 쓰다듬으며 말을 건네는 사람도 더러 있다.

어느 날엔가는 아이와 함께 나온 엄마가 왜가리 옆을 지나는 작은 물고기에게 "물꼭아 얼른 피해. 위험해!" 하면서 팔을 쭉 펴서 손가락으로 물가 바위 쪽을 가리켰다. 아이도 "물꼭아!" 하고 힘껏 소리쳤다.

나는 같이 걷던 친구에게 "'물꼭아'가 아니라 '물고기야'라고 해야 하는 거 아냐?" 하며 큭큭거렸다. 그랬더니 친구는 "맞긴 하다만……. 별 이상한 데 딴죽을 걸고 그러냐. 사람 참 가지가지네. 흥." 이러면서 먼저 앞으로 가 버렸다.

하긴 '물고기야'보다 '물꼭아' 쪽이 훨씬 귀엽긴 하다.

96번째 대화

우리는 불멸에 대한 논증에 몰두해서
밤이 되었는데도 불도 켜지 않았어.
서로의 얼굴이 보이지 않았지.

호르헤 루이스 보르헤스, 「대화에 대한 대화」, 『작가』
(우석균 옮김, 민음사, 2021)

'불멸'이라는 단어를 보르헤스에게서 읽기 전, 쿤데라에게서 느끼기 전, 나는 이 단어를 어릴 적 어머니를 따라 교회에 다니면서 배웠다. 교회에선 어린이들에게 '영생'이니 '대속'이니 하는 어려운 단어를 잘도 알려주었다. 그중에서도 '불멸'은 뜻을 알기도 전에 조금 무서운 느낌으로 다가왔다.

'불'에서는 시뻘건 불이, '멸'에서는 내가 싫어하던 반찬인 '멸치'가 연상됐다. 어린애 머릿속에서는 커다란 멸치가 불같이 활활 타오르며 점점 다가오는 모습이 바로 불멸치, 아니 불멸의 이미지였다.

호기심이 많았던 나는 어느 날 교회 선생님에게 불멸이 뭔지 알려 달라고 했다. "불멸은 죽지 않는다는 뜻이란다." 선생님은 친절하게 설명해 줬다. 하지만 그 뜻풀이는 나를 더욱 혼란에 빠뜨렸다. "저번에 영생도 죽지 않는다는 뜻이라고 하셨잖아요." 내 대꾸에 선생님은 당황한 듯 말까지 더듬었다. "영, 영생은 영원히 산다는 뜻이고, 불멸은 죽지 않는다는 뜻이야." 어차피 둘 다 같은 얘기 아닌가. 어린 나는 그저 갸우뚱할 따름이었다.

현재의 내게 불멸이란 나와 세상의 대화가 끊어지지 않는 것을 뜻한다. 나는 생활을 통해, 사람들과 얼굴을 마주하는 만남을 통해 끊임없이 소통하고 싶다. 글쓰기는 이 소망을 꺼지지 않게 이어 주는 도구다. 글을 쓰면, 빛이 꺼지고 얼굴이 안 보여도 만남을 이어 갈 수 있다.

세상에 불멸은 없다. 죽지 않는 것은 우리가 세상과 나눈 대화의 흔적뿐이다.

97번째 대화

"대화"라는 말은, 화자들이 서로를
향해서 마주 보고 있음을 일컫는 말이다.

마르틴 하이데거, 『사유란 무엇인가』
(권순홍 옮김, 길, 2005)

사랑은 두 사람이 서로 마주 보는 것일까, 아니면 나란히 같은 곳을 바라보는 것일까? 모르긴 해도 등을 돌린 채 서로 다른 곳을 보는 건 확실히 아니다. 감정은 언제나 마주 봄으로부터 싹튼다.

 마주 본다는 것은 서로를 이해하려고 노력한다는 의미이며 화해의 말을 나누고 싶다는 신호다. 사랑이라든지 고마움, 소중함 등등 긍정적인 감정은 이렇듯 노력을 통해서야 조금씩 상대에게 전달된다. 그러나 미움, 시기, 질투 같은 부정적인 감정은 딱히 노력하지 않아도 자연스럽게 우리 마음에 들어온다.

 '오늘부터 저 사람을 미워해야겠다. 당장 미워하는 방법을 생각해 봐야지!' 이렇게 고민하면서 누군가를 미워하는 사람은 없다. 싫은 감정은 아무런 노력 없이, 때론 이유도 없이 느닷없이 솟는다. 하지만 사랑하거나 좋아할 때는 여러 노력이 필요하다. 애써야만 사랑을 전하고 얻을 수 있다.

 대화는 두 가지 상반된 요소를 동시에 지닌다. 마주 앉아 나누는 말 속에서 우리는 사랑과 미움을 함께 발견한다. 같은 표현이라도, 상대가 사랑으로 받아들일지 미움으로 받아들일지는 사전에 알 수 없다. 때론 아무런 의미도 없이 한 말로 사랑이 시작되기도 증오가 싹트기도 한다.

 그래서 대화에는 열어 보기 전까지는 내용이 불확실한 '랜덤 박스' 같은 설렘이 있다. 그 모든 가능성을 위한 가장 중요한 전제는 마주 보는 것이다.

 사랑과 미움은 대화로 엮이고 대화로 풀어진다. 마주 보지 않으면 엮이지도, 풀리지도 않는다. 서로 바라보지 않으면 대화가 아니다.

98번째 대화

소설들은 말이 진실 앞에서 뒷걸음질
치기 시작하던 순간에 태어났다.

모리스 블랑쇼, 『죽음의 선고』
(고재정 옮김, 그린비, 2011)

첫 책을 쓰던 2010년 무렵, 나는 모리스 블랑쇼의 소설에 푹 빠져 있었다. 대부분 기억에 관한 글이었기 때문이다. 그때 나는 기억이 머릿속을 맴돌지 않고 자꾸만 밖으로 뻗어 나가려고 몸부림친다는 감각에 사로잡혀 있었다.

블랑쇼의 소설에 나오는 인물들은 하나같이 과거의 기억을 찾아 화해하려 하지만 기억에 사로잡혀 오도 가도 못하는 신세다. 기억을 찾더라도 또 다른 기억의 조각이 그들을 잡고 놓아주지 않는다. 기억은 언제나 다른 기억을 통해서만 이해될 수 있기에 소설 속 인물들은 계속 기억에 사로잡혀 있거나 망각을 향해 뒷걸음질할 수밖에 없다. 그러나 망각하기 위해선 또 다른 기억에 사로잡혀야 하는 아이러니에 빠져든다.

인쇄되어 나온 첫 책을 받아 드니 더욱 현실감각이 무뎌졌다. 책에 적힌 내용은 내가 아는 것, 기억하는 것, 무엇보다 쓰려고 했던 것으로부터 뒷걸음질하며 멀어지는 것만 같았다.

책은 글과 문장으로 나누는 이름 모를 독자와의 대화다. 나는 이 마주침 앞에서 뒷걸음질 쳤다. 말로, 글로, 문장으로 머뭇거렸다. 내가 쓴 문장들은 책이 되기 전까지 계속 사실로부터, 기억으로부터 뒷걸음질 친다. 두려움의 뒷걸음질 그리고 부끄러움의 뒷걸음질이다. 그걸 내 안으로 잡아 끌어당길 수 없다는 걸 이해하기까지 많은 시간이 잡다한 문장 속에 버려졌다. 누구보다 먼저 나 자신과 상대하며 이야기 나눠야 하는 것을…….

생각을 벼리지 못한 채 구겨서 버린 종이를 군말 없이 다 받아 준 내 책상 옆 작은 휴지통을 향해 고마운 마음으로 고개를 숙인다. 이 부끄러운 뒷걸음질의 거리를 모두 아는 건 그대뿐이다.

99번째 대화

"나는 밤마다 나이팅게일의 절묘한
노랫소리에 귀를 기울이곤 했어.
이따금 우리는 얼추 대화 비슷한 것도
나누어봤지. 내가 휘파람으로 어떤 동기를
부여하면 나이팅게일이 그걸 따라 하고
이어나가더라고. 흡사 마법 같았어."

롤랑 마뉘엘, 『음악의 기쁨 1』
(이세진 옮김, 북노마드, 2021)

라디오 스튜디오에 초대받은 음악가 자크 이베르는 밤에도 노래하는 새 나이팅게일과의 마법 같은 이야기를 들려준다. 그러나 나는 그것이 결코 마법이 아님을 안다. 그가 뛰어난 예술가라서 그런 일을 경험할 수 있었던 것은 아니다. 누구나 나이팅게일과 대화 또는 대화 비슷한 걸 나눌 수 있다. 공원의 비둘기나 지나가는 고양이와도 그렇게 할 수 있다. 다만 우리가 시도하지 않을 뿐이다. 불가능하다는 걸 아니까.

예술가는 불가능하다는 걸 알면서도 시도한다. 혹은 불가능하다는 걸 모르거나, 불가능이라는 의미를 아예 이해하지 못한다. 그것이야말로 예술가의 재능이다. 그래서 그들은 모든 존재와 대화하고 모든 대화에서 실패한다.

사람들 사이의 대화 역시 불가능의 영역에 속해 있다. 우리는 서로의 말이 담고 있는 의미만 겨우 짐작할 뿐, 그 바깥의 것들은 끝내 알지 못한 채 대화를 마친다. 그리하여 대화는 늘 오해와 실망감을 키운다.

우리 각자는 이제 막 관측된 빛나는 별에 지나지 않는다. 그저 들여다볼 수 있을 뿐 아직 아무것도 알 수 없다. 어쩌면 영원히 그럴 것이다. 그럼에도 우리는 매일 예술가의 심정으로 대화를 이어 간다. 불가능하다는 걸 알면서도 어떤 마법 같은 경험을 기다리면서.

문득 서로의 감정이 반짝하며 통했다면, 이는 기적과도 같은 행운의 결과다. 당신과 내가 은근히 눈 맞추며 말을 시작하는 그 순간에 이미 마법은 시작된다.

100번째 대화

대화는 조용히 막을 내린다.

크리스티앙 보뱅, 『빈 자리』

(이주현 옮김, 1984Books, 2025)

서로 이해하고 확인하며, 무엇보다 상대해 주는 것이 대화다. 우리는 대화를 통해 혼자가 아님을 알고 안도한다. 그러나 가장 중요한 이야기, 하지 못하고 머뭇거린 말이 언제나 대화가 끝난 뒤 남겨진다.

가장 깊은 곳에 있는 감정은 말과 글로 드러낼 수 없다. 대화는 언제나 온전하지 못하며 하늘로 날아간 비닐봉지처럼 제멋대로 우릴 희롱하며 춤춘다. 찢어지고 뭉개진 허름한 비닐을 발견할 때, 우리는 그게 대화의 흔적이었음을 예감한다.

그러나 슬퍼할 겨를도 없이 우리는 매일 또 다른 대화 속으로 떠넘겨진다. 입과 혀는 쉽게 지치고 목구멍에는 먼지가 가득 쌓인다. 저녁에 마시는 맥주 한 잔으로 이 모든 찌꺼기를 닦아 버릴 수는 없다. 어림없는 헛수고다.

신은 말이 필요 없는 고요한 밤을 만들었다. 대화는 이 밤의 그늘 속으로 조용히 사그라지듯 날개를 접는다. 시끄러운 대화의 막은 내리고 이제 신성한 목소리와 마주할 시간이다.

책장을 넘기는 소리, 잘 깎은 연필로 글자를 적는 사각거림, 골목을 비추는 연한 불빛, 창밖에 일렁이는 나뭇가지의 유혹, 문득 흘러내리는 머리카락의 간지러움. 실은 이런 것들만이 대화라고 부를 수 있는 찰나의 인상이다.

일상은 계속되고 대화도 계속 실패한다. 그리고 초라해진 대화를 일으켜 세우는 시간이 온다. 우리의 대화는 매일 똑같은 실패의 순간에 막을 내린 다음 새로운 이야기를 올리기 위해 무대에 불을 밝힌다.

실패하고 실수하고 다시 되살리는 대화야말로 당신과 내가 만드는 삶과 생활의 이야기다.

나가는 말을 대신하는 단막극
"대화-해프닝"

이 극은 『대화의 말들』을 조금 더 흥미롭게 읽고자 하는 독자를 위해 썼다. 같은 책을 읽은 독자 여럿이 역할을 정해 낭독극을 해도 좋고, 실제로 무대에 올려도 좋다. 대본을 암기해도 되고 책을 손에 들고 연기해도 된다. 모두 허용된다.

세 명씩 조를 나눠 똑같은 대본으로 연기하고 각각 조별로 달라지는 분위기를 즐기는 것도 한 방법이다. 매번 전체적인 느낌이 달라지도록 해 보자. 코미디처럼 즐거운 분위기로 연기하거나 로봇이 발성하듯 건조하게 극을 진행하는 등 다양한 아이디어로 연출을 시도한다.

물론 혼자 읽어도 괜찮다. 다만 이런 경우도 반드시 입으로 소리 내어 낭독하며 연기를 곁들여야 한다.

*

때와 장소: 알 수 없다. 혹은 알 필요 없다.
나오는 이: 나, 당신, 가짜 관객(성별과 나이 등은 무관하다)

무대에 불이 켜지면 '나', '당신'은 등받이가 없는 둥근 간이 의자에 앉아 있다. 나는 관객석을 향해 앉고 당신은 나에게 등을 돌린 채, 무대의 측면을 보며 앉은 상태다. 둘 다 등을 꼿꼿이 세우고 앉는다. 이 상태로 5분 정도 침묵을 유지한다. 지루해질 즈음 관객으로 위장한 배우가 관객석 틈에 앉아 있다가 말을 꺼낸다.

가짜 관객 (주저하는 목소리로) 저, 이거 언제 시작하죠?
나 지금 시작됐습니다.
당신 뭐가 시작됐다는 거죠?
나 대화요. 지금 이렇게 시작된 겁니다.
당신 막무가내로군요. 하지만, 어쨌든, 말이 나왔으니 이미 시작된 거겠죠.
나 맞습니다. 말이 나온 김에, 대화를 시작하는 겁니다.
당신 그런데 화제가 뭐죠? 이야깃거리가 있어야 대화라고 할 수 있잖아요.
나 이 대화를 끝마치려는 게 화젭니다.
당신 이상하군요. 그러니까 대화를 끝내기 위해 대화를 시작한다는 거죠?
나 맞습니다.
당신 그럼, 애초에 대화를 시작할 필요도 없었던 거 아닌가요?
나 맞습니다.
당신 막무가내로군요. 하지만, 어쨌든, 말이 나왔으니 이미 시작된 거죠?

나　　　　맞습니다. 말이 나온 김에, 대화는 언제나 그렇게 시작하는 겁니다.

당신　　　그리고 대화를 끝내려고 말을 하면 어차피 또…….

나　　　　맞습니다. 또 새로운 대화가 시작되는 거죠.

당신　　　그럼 이 대화는 언제 끝나죠?

나　　　　누가 알겠어요? 그러니까 대화해 보자는 겁니다. 대화의 끝에 대해서.

당신　　　말장난일 뿐이군요. (벌떡 일어선다) 여기서 나가 버리면 끝일 텐데요.

나　　　　오, 제발 다시 앉으세요. 다들 우리 대화를 기다리잖아요.

당신　　　누가요? 우리 대화를 누가 엿듣기라도 해요?

나　　　　일부러 엿듣는 건 아니지만, 들리는 걸 어쩝니까?

당신　　　(앉는다) 지금 이 말이 들린다고요?
　　　　　(속삭인다) 이 말도?

가짜 관객　(큰 목소리로) 잘 들립니다!

나　　　　쉿! 너무 소리가 커요!

당신　　　어쨌든 들린다는 건 알겠군요.

나　　　　대화를 숨길 수 있는 방법은 없어요. 모든 대화는 공개적이니까.

당신　　　그러면 얼른 대화를 시작하고 끝내도록 합시다. 아니, 이미 시작됐으니까 어떻게든 마쳐 봅시다.

나　　　　왜요? 바쁜 일 있으신가요?

당신　　　그럼요. 내가 한가해 보여요? 곧 다른 사람하고 대화하기로 약속했거든요.

나	어디서요?
당신	바로 여기요.
나	누구하고요?
당신	다른 사람이라고 말했잖아요.
나	나 말고 다른 누구요?
당신	당신이 아니라 나 말고 다른 누구라는 겁니다.
나	그러면 그게 나일 수도 있는 거네요?
당신	생각하기 나름이죠.
나	나름대로 생각해 보죠.
당신	자꾸 말장난만 하는 것 같은데요?
나	가장 유익한 대화는 말장난이니까요.
당신	그건 동의하기 어렵군요.
나	시간이 많이 지나야 알 수 있어요. 지난날 진지하게 늘어놨던 대화들이 얼마나 바보 같은 소리였는지. 그에 비하면 말장난과 헛소리는 오래 남아 별처럼 반짝거린답니다.
당신	그야말로 헛소리로군요!
나	내가 말했잖아요. 헛소리가 멋있다고.
당신	멋있다고는 말 안 했는데요?
나	말이 처음부터 멋있는 건 아닙니다. 처음엔 멋이 없지만 오랜 시간 동안 여러 사람이 멋있다고 해 주면 그제야 멋이라는 게 생겨나는 겁니다.
당신	그거 어디서 많이 듣던 말인데?
나	모든 말은 다 어디선가 들은 말의 반복이에요.
당신	반복하면서 얍삽하게 살짝만 바꾸는 거죠.

나	그게 바로 말장난의 묘미죠!
당신	장난은 이쯤에서 그만둡시다!
나	아, 그렇죠! 다른 사람하고 대화 약속이 있으시다는 걸 깜빡했네요. 그게 누구라고 했죠?
당신	그건 사실 나도 잘 몰라요. 하지만 그는 어제 나한테 말했어요. 내일 이맘때쯤 나를 찾아와서 대화하겠다고.
나	어제 그를 만났다는 거예요?
당신	아니, 정확히 말하면 그가 보낸 다른 사람을 만났죠. 그가 내게 전해 준 거예요.
나	그는 어제 처음 만났고요?
당신	아뇨, 그는 그제도 만났어요. 하지만 그는 나를 몰라보는 것 같더라고요.
나	그가 보낸 그는 그제 뭐라고 했는데요?
당신	내일 이맘때쯤 그가 나를 만나러 올 거라고 그가 보낸 그를 통해 말했죠.
나	그는 오지 않고 그가 보낸 그만 왔다?
당신	맞아요. 하지만 내일은 꼭 그가 온다고 했어요.
나	오늘은 확실히 올까요?
당신	오고 말고요. 그가 그랬어요. 아니, 그가 보낸 그가요. 그러니까 이 대화를 빨리…….
나	빨리 끝내야겠네요. 그런데 지금, 이 대화도 어디선가 많이 들어 본 것 같은데요?
당신	아마 그럴 거예요. 나도 그런 느낌이 들거든요.
나	혹시 우리가 어제도 여기서 만났던가요?

당신	그런 것 같지는 않은데요.
나	잘 생각해 봐요. 내가 혹시 그를 보낸 그가 말한 그일 수도 있으니까.
당신	또 말장난! 헛소리!
나	어쨌든 우린 이 대화를 얼른 마무리 지어야겠어요. 그가 올 수도 있으니까.
당신	맞아요. 대화를 끝내야 또 다른 대화가 가능하니까요.
나	그러면 우리 애쓰지 말고 그가 오면 대화를 끝내도록 하죠.
당신	대화를 끝내야 그가 온다니까요?
나	하지만 우린 아직 진정한 대화는 시작도 못 했는걸요?
당신	지금껏 우린 서로 말을 주고받았는데도요?
나	말은 주고받았죠. 하지만 서로를 마주하지는 않았어요.
당신	둘이 얼굴을 마주 봐야 한다는 건가요?
나	그리고 상대를 상대하는 거죠.
당신	곤란하군요. 나는 계속 이쪽을 보고 있어야 하거든요.
나	왜죠? 잠깐만 우리 서로를 마주하면 돼요.
당신	어쩔 수 없어요. 처음부터 이렇게 시작했으니까요. 그러는 당신도 실은 움직일 마음이 없죠?
나	당신이 돌아본다면 나도 그럴 겁니다.
당신	아하! 그렇다면 당신도 애초에 내 쪽을 향하고 있지 않았던 거군요?
나	그러는 당신은 어디를 향해 있죠?
당신	그건 말할 수 없군요. 사실은 이것뿐이에요. 우린 지금 각자가 어디를 향해 있는지 알지 못한다는 것.
나	언제부터 이런 상태였는지도 모른다는 것. 나는 줄곧 앞을

	보고 있었어요. 당신은요?
당신	나도 앞을 보고 있어요. 검은 풍경뿐. 여긴 아무도, 아무것도 없어요.
나	내 앞엔 사람들이 있어요. 그 사람들 역시 앞을 보고 있어요.
당신	그러니까 우린 모두 앞을 보고 있군요? 왜 우린 서로를 알지 못하죠?
나	알고는 있어요. 상대하지 못할 뿐이에요.
당신	당신은 앞에 있는 사람들과 마주 보며 상대할 수 있잖아요?
나	맞아요. 사람들과 나는 상대하고 있어요. 하지만 소통은 못 해요. 만질 수 없고, 손을 뻗어 악수할 수도 없어요. 그저 보기만 할 뿐. 반대로 당신과는 이렇게 소통하고 있지만 상대할 수 없죠.
가짜 관객	당신네 둘은 모두 앞을 보고 있지 않아요. 각자의 자리에서만 앞일 뿐이죠. 오직 내가 있는 곳에서만 앞을 볼 수 있어요. 이렇게 많은 사람이 한꺼번에 앞을 보니까, 여기에서 보는 게 앞일 수밖에 없어요.
당신	그럼에도 우리는 이렇게 말을 나누고 있군요. 무슨 뜻인지 알죠?
나	말하는 게 무슨 뜻인지는 알아도 그 뜻이 무엇인지는 서로 다르게 말하니까 결국 대화는 무의미하게 반복되는군요.
당신	나는 내가 보는 세계를 영원한 우주로 인식하고 있어요. 그러니까 당신이 하는 말을 듣고 언제나 내

	식으로 이해하고 판단해요.
나	나도 똑같아요. 여기만이 내가 아는 우주의 전부랍니다. 다른 곳은 알지 못해요.
당신	우린 줄곧 대화하고 있지만 서로를 마주 대하며 이야기 나눌 수는 없는 처지로군요. 어쩌면 영원히.
나	맞아요. 대화는 우리가 알기 전부터 이미 시작된 상태고, 이대로 영원히 끝나지 않아요. 오직 조금씩 바뀌면서 반복될 뿐이에요.
당신	별들이 언제나 같은 길을 돌아다니며 서로 영향을 끼치듯 우리도 그런 체계의 작은 일부분에 지나지 않는 거군요.
나	서로에게 무한하게 영향을 끼치면서도 동시에 영향을 받으며 살죠.
당신	우리가 세상에서 사라져도 계속될까요?
나	지금까지 살아 오며 영향을 끼친 모든 것들이 또 다른 우주에 영향을 주고 있으니까 그게 아무리 미미한 것이라고 해도 완전히 사라지지는 않아요. 다만 다른 우주를 떠돌며 나타나고 사라지기를 반복하죠.
당신	대화는 시작되기도 전에 이미 끝났던 거네요.
나	끝나기도 전에 시작됐고요.
당신	대화는 이렇게 끝없이 이어지는 오해와 실수의 반복이군요.
나	말장난과 헛소리만이 모든 대화의 시작과 끝이죠.
당신	이제 알겠어요. 그러고 보니 당신 목소리, 꽤 낯익어요.
나	우린 여기서 계속 대화하고 있었을 거예요. 어제도 오늘처럼. 나도 당신이 익숙해요.

당신	그리고 당신은 어제 말했죠. 내일 이맘때쯤 나를 찾아와 대화하겠다고.
나	그러나 대화를 끝마치지 않으면 당신을 찾아올 수 없어요.
당신	그래서 우린 지금 대화를 끝마치려고 대화하고 있군요.
나	이 대화를 끝내야 내가 당신에게 갈 수 있으니까요.
당신	나도 당신을 만나고 싶어요. 하지만 대화는 끝나지 않으니까 만날 수 없겠네요! 설마 당신이 내가 기다리는 '그'인가요?
나	나는 그가 아니에요. 그는 내일 오니까.
당신	어제도 그 말을 했다니까요.
나	누가 그랬죠? 그가 보낸 그에게 들었어요?
가짜 관객	그는 내일 올 거예요. 어제 말했던 내일!
당신	이 목소리도 익숙해요. 바로 당신이군요!
나	그럼, 우리 내일까지 여기서 기다려 볼까요?
당신	그가 오늘 올 수도 있을 텐데요?
가짜 관객	오늘은 안 돼요. 대화가 끝나지 않았으니까요.
나	어쩌면 당신이 '그'일 수도 있겠군요.
당신	내가 '그'라고요?
가짜 관객	내가 '그'라고 했어요?
나	나야말로 두 분이 말하는 '그'일 수도 있겠죠.
당신	우린 영원히 서로를 기다리게 만드는 '그'인가요?
나	말장난이 심하군요!
당신	헛소리랍니다.
나	아주 좋은데요?

당신	그가 오는 걸 굳이 기다리지 않아도 되겠어요.
나	오든지 말든지.
당신	좋아요. 이렇게 끝내도 되겠죠?
나	끝이 좋으면 다 좋은 거니까요!
당신	잠깐, 이것도 어디선가 들었던 얘기 같은데요?
나	그러든지 말든지!
가짜 관객	(주위를 두리번거리며) 쉿! 조용히 해요. 그가 오고 있어요!
당신	이젠 됐어요. 조명 꺼요. 얼른! 우린 아직 대화를 끝내지 않았다고 전해요.
나	대화는 아직 시작도 못 했다니까요?

(무대에 조명이 꺼진다. 약간의 침묵 후 여전히 암전 상태로)

가짜 관객	(작은 목소리로) 그가 여기 왔어요!
나	('당신'과 목소리가 섞이도록 동시에) 말장난은 그만해요!
당신	('나'와 목소리가 섞이도록 동시에) 헛소리는 그만해요!
가짜 관객	벌써 시작됐어요!

— 마침 —

대화의 말들
: 사람만 보면 말문이 막혀서 그 많은 책을 샅샅이 뒤졌다

2025년 9월 24일   초판 1쇄 발행

지은이
윤성근

펴낸이	**펴낸곳**	**등록**	
조성웅	도서출판 유유	제406-2010-000032호(2010년 4월 2일)	
	주소		
	경기도 파주시 돌곶이길 180-38, 2층 (우편번호 10881)		
전화	**팩스**	**홈페이지**	**전자우편**
031-946-6869	0303-3444-4645	uupress.co.kr	uupress@gmail.com
	페이스북	**트위터**	**인스타그램**
	facebook.com /uupress	twitter.com /uu_press	instagram.com /uupress
편집	**디자인**	**조판**	**마케팅**
정민기, 김정희	이기준	정은정	전민영
제작	**인쇄**	**제책**	**물류**
제이오	(주)민언프린텍	다온바인텍	책과일터

ISBN 979-11-6770-135-0 03810